Gesetzgebung und Verfassung

Herausgegeben von

Prof. Dr. Michael Kloepfer,
Humboldt-Universität zu Berlin

Band 6

Prof. Dr. Christian Waldhoff/
Prof. Dr. Gregor Thüsing, LL.M. (Hrsg.)

Verfassungsfragen des Arbeitskampfes

Nomos

Gedruckt mit freundlicher Unterstützung der Carl Friedrich von Weizsäcker-Stiftung

CARL FRIEDRICH VON WEIZSÄCKER-STIFTUNG
Bereich Zukunft der Arbeit

Die Deutsche Nationalbibliothek verzeichnet diese Publikation in der Deutschen Nationalbibliografie; detaillierte bibliografische Daten sind im Internet über http://dnb.d-nb.de abrufbar.

ISBN 978-3-8329-5

1. Auflage 2014

Vorwort

Das Arbeitskampfrecht ist in Bewegung: Streiks im Bereich der Daseinsvorsorge sowie eine sich wandelnde Streikkultur durch neue, insbesondere technologische Entwicklungen (Flashmob) und eine Vielzahl von gerichtlichen Entscheidungen auf nationaler und europäischer Ebene haben das Arbeitskampfrecht in der letzten Zeit wieder stärker in das Zentrum des Interesses gebracht. Welche Grenzen setzen das Verfassungsrecht und das bisher richterrechtlich geprägte Arbeitskampfrecht den aktuellen Entwicklungen? Sind hier spezielle, neue Regelungen zum Arbeitskampf sinnvoll und zulässig?

Diese und andere Fragen waren Gegenstand einer wissenschaftlichen Tagung „Verfassungsfragen des Arbeitskampfes", die am 28. Juni 2013 an der Humboldt-Universität zu Berlin unter der wissenschaftlichen Leitung von Prof. Dr. Christian Waldhoff und Prof. Dr. Gregor Thüsing, LL.M. (Harvard) stattfand. Die Tagung wurde vom Institut für Gesetzgebung und Verfassung e.V. (IGV) als Teil der von Prof. Dr. Michael Kloepfer geleiteten Forschungsplattform Recht (FPR) mit freundlicher Unterstützung der Carl Friedrich von Weizsäcker-Stiftung veranstaltet.

Der Band enthält die auf der Tagung gehaltenen Referate in überarbeiteter bzw. erweiterter Form einerseits sowie andererseits den als Anlage abgedruckten privaten Entwurf eines Gesetzes zur Regelung kollektiver Arbeitskonflikte in der Daseinsvorsorge von Prof. Dr. Martin Franzen, Prof. Dr. Gregor Thüsing, LL.M. (Harvard) und Prof. Dr. Christian Waldhoff einschließlich der Begründung des Gesetzesentwurfes. Der Entwurf wurde mit Unterstützung der Carl Friedrich von Weizsäcker-Stiftung erstellt. Die Stiftung hat auch die Drucklegung des vorliegenden Tagungsbandes großzügig gefördert.

Zum Gelingen der Tagung haben die Referenten und die Diskussionsteilnehmer sowie die Carl Friedrich von Weizsäcker-Stiftung und ihr Kurator, Dr. Frank Meik, beigetragen. Den Mitarbeitern der Forschungsplattform Recht und des Lehrstuhls von Prof. Dr. Christian Waldhoff, insbesondere Mandira Reschke und Matthias Holland, danken wir für die engagierte Unterstützung bei der Organisation der Tagung sowie der Drucklegung des Tagungsbandes.

Anregungen und Kritik zu diesem Band sind willkommen und bitten wir per Mail an michael.kloepfer@rewi.hu-berlin.de zu senden.

Berlin, im Januar 2014

Michael Kloepfer
Gregor Thüsing
Christian Waldhoff

Inhalt

Einführung: Verfassungsfragen des Arbeitskampfes

Christian Waldhoff

Ob Arbeitskämpfe in den letzten Jahren in der Bundesrepublik zugenommen haben, ist eine schwierig zu beantwortende Frage. Wir sollten sie den Ökonomen und Sozialwissenschaftlern überlassen.[1] Eines wird man jedoch sagen können: Die Auswirkungen auf die Bevölkerung haben sich durch Art und Struktur von Streiks verstärkt, zudem hat sich die Diskussion über die Zulässigkeit von Arbeitskampfmaßnahmen belebt. Dabei fällt auf, dass die Art der Arbeitskämpfe bzw. die Diskussionen über sie eine viel größere Nähe zu Fragen des Verfassungsrechts aufweisen, als dies bei den „klassischen" Streiks im produzierenden Gewerbe vergangener Tage der Fall gewesen ist. Die wissenschaftliche Beschäftigung mit Arbeitskampffragen hängt dabei oft an konkreten Entwicklungen und der tatsächlichen Relevanz. Wenn der Schein nicht trügt, haben sich in der Gegenwart ungewöhnlich viele rechtliche und rechtspolitische Streitfragen um den Arbeitskampf angesammelt, die – so die Flashmob-Problematik – bereits beim Bundesverfassungsgericht in Karlsruhe anhängig sind oder die – so die Frage nach dem Streikrecht in kirchlichen Arbeitsverhältnissen, Fragen der Tarifeinheit und das Problem des Beamtenstreiks – möglicherweise dorthin gelangen werden. Jeweils geht es um neue Tendenzen in der fachgerichtlichen Judikatur, die entweder eine Art Konzeptionswechsel darstellen oder zumindest doch bewährte Determinanten der verfassungsrechtlichen und teilweise auch rechtsmethodischen Einhegung des Arbeitskampfes sprengen. *Jens Kersten* – kaum zufällig einer unserer heutigen Referenten – hat dies in einer kleinen Monographie aus dem letzten Jahr als „Neues Arbeitskampfrecht" auf den Begriff gebracht.[2] Eine Grundüberlegung für unsere heutige Tagung war es daher auch, dass Arbeits- und Verfassungsrechtler stärker ins Gespräch kommen müssten, als das bisher üblich war.

---

1 Vgl. aus jüngerer Zeit nur *Lesch*, Wirtschaftsdienst 2013, S. 765 ff.; Gewerkschaft Verdi ist deutscher Streikmeister, in: FAZ Nr. 62 vom 14. März 2014, S. 19.

2 *Kersten*, Neues Arbeitskampfrecht. Über den Verlust institutionellen Verfassungsdenkens, 2012.

Wie hängen die ausgewählten Themen innerlich zusammen? Streiks in Bereichen der Daseinsvorsorge waren lange kein erstrangiges Problem. Das beamtenrechtliche Streikverbot verhinderte etwa im Bereich von Bahn und Flugsicherung – um nur zwei infrastrukturell geprägte Bereiche zu nennen – Arbeitskämpfe. Aussperrungen waren und sind in dem, was wir etwas pauschal als „Daseinsvorsorge“ umschreiben, ohnehin kaum möglich. Anders ausgedrückt: Der Problemkomplex „Streik in der Daseinsvorsorge“ würde von unbefangenen Öffentlichrechtlern unter der Kategorie und Überschrift „Privatisierungsfolgerecht“ eingeordnet werden:[3] Gewährleistungsverantwortung als Privatisierungsfolge.[4] Sollte das Streikverbot für Beamte fallen – wir werden dazu etwas von Herrn *Hofmann* erfahren – würde sich unser erstes Thema dramatisch ausdehnen, da dann auch noch diejenigen Bereiche von Daseinsvorsorge, die bisher nicht bestreikt werden können, betroffen wären. Auch die Fragestellung von Herrn Kollegen *Bayreuther* ist wiederum eine Art Grundlage für die Eskalationen, die wir bei Streiks, die in besonderer Weise die Allgemeinheit betreffen, beobachten können. Das vermehrte Aufkommen sog. Spartengewerkschaften und die besondere Anfälligkeit vieler Infrastruktureinrichtungen, wenn eine bestimmte Gruppe von Beschäftigten ausfällt, sprechen für sich. Das könnte durch diverse Streiks am und um den Frankfurter Flughafen herum verdeutlicht werden.

Etwas anders gelagert wiederum ist die Thematik neuaufkommender Arbeitskampfformen, das Thema des Kollegen *Kluth*. Die Frage nach einem numerus-clausus der Arbeitskampfformen erschien lange recht abstrakt; dass Betriebsbesetzungen oder gar das Kidnapping des Arbeitgebers (in Frankreich durchaus nicht unübliche Verhaltensweisen) unzulässig seien, war in Deutschland kaum bestritten. Das scheint sich zu wandeln. Das Phänomen des Flashmob – von der Frankfurter Allgemeinen Zeitung wunderbar als „Blitzmeute“ eingedeutscht – beschäftigt zur Zeit die Gerichte. Nur oberflächlich geht es hier darum, welche Bedeutung neue technische Entwicklungen und neue IT-basierte soziale Aktionsformen für das Arbeits-

---

3 Vgl. nur *Hermes*, Staatliche Infrastrukturverantwortung, 1988; *Schuppert*, Der moderne Staat als Gewährleistungsstaat, in: FS für Hellmut Wollmann, 2001, S. 399 ff.; *Voßkuhle*, Die Beteiligung Privater an der Erfüllung öffentlicher Aufgaben und staatliche Verantwortung, VVDStRL 62 (2003), S. 266 ff.; *Franzius,* Der Staat 42 (2003), S. 493 ff.; *Knauff*, Der Gewährleistungsstaat: Reform der Daseinsvorsorge, 2004; *Butzer*, Sicherstellungsauftrag, in: Isensee/Kirchhof (Hrsg.), Handbuch des Staatsrechts der Bundesrepublik Deutschland, Bd. 4, 3. Aufl. 2006, § 74.

4 *Burgi*, Privatisierung, in: Isensee/Kirchhof (Hrsg.), Handbuch des Staatsrechts der Bundesrepublik Deutschland, Bd. 4, 3. Aufl. 2006, § 75 Rdnr. 28 ff.

kampfrecht besitzen. Juristisch ist interessant und in gewisser Weise auch dramatisch, dass Streiks „entgrenzt" werden, d.h. dass Kampfmaßnahmen – zudem regelmäßig unter notwendiger Inkaufnahme von Rechtsverletzungen – nicht mehr auf die Tarifvertragsparteien begrenzt bleiben. Mögen beim Streik in der Daseinsvorsorge „Dritte", d.h. die Allgemeinheit von den Folgen des Arbeitskampfs betroffen sein und insofern (politisch gedacht) in die Tarifauseinandersetzung einbezogen werden, wird die Allgemeinheit hier als potenzielle „Kampfeinheit" instrumentalisiert. Anders ausgedrückt: findet beim Arbeitskampf in der Daseinsvorsorge eine Entgrenzung der Streik*folgen* statt, bezieht sich die Entgrenzung beim Flashmob auf die „Kämpfenden" selbst.

Schließlich stellt sich die Frage nach der Zulässigkeit von Streiks in kirchlichen Arbeitsverhältnissen. Wie beim Beamtentum handelt es sich bei den Kirchen um eigengeartete Institutionen, die jeweils durch eigene Verfassungsbestimmungen abgegrenzt und geschützt sind, deren Eigengesetzlichkeiten der Verfassungsgeber er- und anerkannt hat: Die hergebrachten Grundsätze des Berufsbeamtentums des Art. 33 Abs. 5 GG einerseits, die Autonomie der Religionsgemeinschaften nach Art. 137 Abs. 3 WRV andererseits. Das Institutionelle hat in aktuellen Diskussionen und Befindlichkeiten freilich einen schweren Stand.[5] Verfassungsrechtlich geht es u.a. auch um die Zuordnung von Art. 9 Abs. 3 GG – dem Grundrecht der Koalitionsfreiheit, das selbst wiederum eine institutionelle Seite besitzt – zu diesen verfassungsrechtlichen Verbürgungen. Da es beim Streikrecht in kirchlichen Einrichtungen kaum um Arbeitsniederlegungen von Geistlichen geht, sondern v.a. die vielfältigen Sozialeinrichtungen der Kirchen im Zentrum stehen, besteht wiederum ein unmittelbarer Zusammenhang mit dem Eingangsthema „Streik in der Daseinsvorsorge". Fielen die dortigen Streikrestriktionen, würde sich diese Problematik wiederum genauso verschärfen, wie beim möglichen Wegfallen des beamtenrechtlichen Streikverbots.

Ich möchte im Rahmen meiner kurzen Einführung noch auf drei (Querschnitts-)Problem- bzw. Argumentationsstränge hinweisen, welche die meisten Referate wenn nicht durchziehen, so doch berühren:

1. Das „Beamtenthema" wie auch das „Kirchenthema" sind stark durch Rechtsprechung des Europäischen Gerichtshofs für Menschenrechte in Straßburg determiniert. Mit der Logik eines notwendig individualistisch ausgerichteten Menschenrechtspakts wird in stark traditionsgeprägte In-

5 *Kersten*, Arbeitskampfrecht (Fn. 1), zusammenfassend S. 96 ff.

stitutionen „hineingegrätscht". Vor allem *Jens Kersten* hat diesen Verlust der institutionellen Dimension des Arbeitskampfrechts als zentrale Gemeinsamkeit der neueren Entwicklungen ausgemacht und eine Rückbesinnung der Koalitionsfreiheit auf ihren Charakter als – wie er es nennt – doppelt gestufte Gegenseitigkeitsordnung angemahnt.[6] Überhaupt kann man beobachten, dass „Straßburg" mit der klassischen zweipoligen Eingriffsbeziehung Staat–Bürger durchaus zurechtkommt, bei Abwägungen in Dreiecksfällen jedoch regelmäßig Probleme bekommt.[7] Hier merkt man m.E. deutlich, dass für die Figur „Schutz durch Eingriff"[8] auf EMRK-Ebene schlicht ein regulierender Gesetzgeber fehlt, der in der deutschen Situation ja diese Abwägung vornimmt oder zumindest vornehmen könnte und sollte.

2. Der Grundsatz der Verhältnismäßigkeit als letztlich entscheidender Prüfungsmaßstab zur Beurteilung der Rechtsmäßigkeit von Arbeitskampfmaßnahmen war immer schon ein neuralgischer und heikler Punkt. Aus dem Polizeirecht des 19. Jahrhunderts kommend,[9] im Grundgesetz nach Vorarbeiten der Smend-Schule in Weimar und monographischer Begleitung etwa durch *Peter Lerche* als entscheidende Schranken-Schranke in die Grundrechtsdogmatik integriert, gewinnt er in arbeitsgerichtlichen Verfahren eine eigentümliche, problematische Fassung. Soll es sich nicht um den – um mit *Fritz Ossenbühl* zu sprechen – großen „Weichmacher" der Rechtsordnung handeln,[10] ist eine präzise Bestimmung von Eingriffszweck und Eingriffsschaden unerlässlich. Das gelingt schon im Öffentlichen Recht bei mehr als zweipoligen Abwägungskonstellationen kaum. Das BAG – auch dazu werden wir hoffentlich aus berufenerem Munde heute noch Näheres erfahren – löst den Verhältnismäßigkeitsgrundsatz weitgehend von seinen grundrechtsdogmatischen Ursprüngen,

6 *Kersten*, Arbeitskampfrecht (Fn. 1).

7 Darstellung dieser über die bipolare Beziehung Staat–Bürger hinausreichende Schutzdimension der EMRK, die zu „Dreieckskonstellationen" führt, bei *Grabenwarter/Pabel*, Europäische Menschenrechtskonvention, 5. Aufl. 2012, § 19.

8 *Wahl/Masing*, JZ 1990, 553 ff.; *Isensee*, Das Grundrecht als Abwehrrecht und als staatliche Schutzpflicht, in: ders./Kirchhof (Hrsg.), Handbuch des Staatsrechts der Bundesrepublik Deutschland, Bd. 9, 3. Aufl. 2011, § 191 Rn. 279.

9 *Remmert*, Verfassungs- und verwaltungsrechtsgeschichtliche Grundlagen des Übermaßverbots, 1995; *Waldhoff*, Kann das Verfassungsrecht vom Verwaltungsrecht lernen?, in: FS für Michael Kloepfer, 2013, S. 261 (269).

10 *Ossenbühl*, Maßhalten mit dem Übermaßverbot, in: FS für Peter Lerche, 1993, S. 151 (157).

um letztlich mehr oder weniger beliebige Abwägungen produzieren zu können, von *Martin Franzen* treffend mit der keinesfalls lobend gemeinten Bezeichnung vom „beweglichen System" charakterisiert. Insbesondere die Geeignetheits- und Erforderlichkeitsprüfung wird letztlich gar nicht vorgenommen, sondern den Einschätzungen der Koalitionspartei überlassen. Auf der Angemessenheitsebene wird nicht konkret abgewogen, sondern nur eine Art diffuser Missbrauchskontrolle vorgenommen.[11] Das leitet zur abschließenden dritten Beobachtung über.

3. Bei den Themen Daseinsvorsorge, Tarifeinheit aber auch Flashmob geht es ganz zentral um die Bedeutung und die Grenzen von Richterrecht bei der Formung des arbeitskampfrechtlichen Regimes.[12] Das ist ein in mehrfacher Hinsicht besonders heikles Problem, denn man müsste im Ernstfall die Überschreitung von Grenzen des Richterrechts ja vor einem Gericht geltend machen, welches wiederum kaum geneigt sein dürfte, seine Entscheidungsbefugnis selbst einzuschränken – ein echtes Rechtsschutz-Dilemma! Man sollte ehrlichkeitshalber anerkennen, dass sich auch die Arbeitsgerichtsbarkeit hier in einem Dilemma befindet angesichts der Normsetzungsverweigerung durch den parlamentarischen Gesetzgeber einerseits und dem Gebot richterlich entscheiden zu müssen andererseits. Solches gesetzesvertretendes Richterrecht muss dann freilich auch seine Funktion erfüllen und nicht Leerformeln hervorbringen, die keine Vorhersehbarkeit und Berechenbarkeit der Entscheidungen garantieren. Insgesamt scheint mir viel zu sehr aus dem Bewusstsein geraten zu sein, dass gerade so etwas wie die durch Art. 9 Abs. 3 GG garantierte und geschützte Tarifautonomie auf einen freilich bis heute defizitären gesetzlichen Rahmen nicht verzichten kann. Richtig verstandene Autonomie bedeutet auch in diesem Zusammenhang keine Abwesenheit oder völlige Untätigkeit des parlamentarischen Gesetzgebers, wie im Falle des Arbeitskampfrechts leider der Fall, sondern Rahmensetzung durch ihn. Wie Drittinteressen, d.h. die Interessen der Allgemeinheit bei

11 Im öffentlichen Recht werden die Untiefen, d.h. v.a. die begrenzte Rationalität der Angemessenheitsprüfung schon länger problematisiert, vgl. nur *Schlink*, Abwägung im Verfassungsstaat, 1976; *Hillgruber*, Grundrechtsschranken, in: Isensee/Kirchhof (Hrsg.), Handbuch des Staatsrechts der Bundesrepublik Deutschland, Bd. 9, 3. Aufl. 2011, § 201 Rn. 78 ff.

12 Näher *Franzen/Thüsing/Waldhoff*, Arbeitskampf in der Daseinsvorsorge, 2012, S. 44 ff.; allgemein zum Richterrecht *Ipsen*, Richterrecht und Verfassung, 1975; *Hillgruber*, JZ 1996, 118 ff.; *Bumke* (Hrsg.), Richterrecht zwischen Gesetzesrecht und Rechtsgestaltung, 2012.

der gerichtlichen Beurteilung von Arbeitskampfmaßnahmen einbezogen werden können, bleibt ohnehin dunkel; den Gerichten sämtlicher Rechtsprechungszweige fehlt dazu nicht nur die rechtliche Kompetenz, sondern vor allem schon erkenntnistheoretisch die Fähigkeit, solche Tatsachen und Interessen zu ermitteln, wie es letztlich nur das parlamentarische Gesetzgebungsverfahren schafft (von dem Schönheitsfehler einmal abgesehen, dass die Dritten im Gerichtsverfahren ja weder anwesend sind, noch repräsentiert werden!). Anders gewendet: Die vielzitierte Wesentlichkeitstheorie des Bundesverfassungsgericht, grenzt nicht nur die Tätigkeitsfelder zwischen Legislative und Exekutive, sondern auch zwischen Legislative und Judikative ab. Das hat unser heutiger Gastgeber, *Michael Kloepfer*, bereits in der Neuen Juristischen Wochenschrift 1985 mit aller gebotenen Klarheit ausgesprochen: Ich darf daher zum Abschluss zitieren: „Bei allen Abgrenzungsschwierigkeiten im einzelnen kann freilich... kaum bestritten werden, daß die allgemeine Ordnung der Arbeitsbeziehungen – jedenfalls eine grundsätzliche Regelung der kollektiven Arbeitsbeziehungen und vor allem des Arbeitskampfes – im Sinne der Konzeption der Wesentlichkeitstheorie prinzipiell eine wesentliche Frage wäre.“[13] Diesem „Wesentlichen“ wollen wir uns zuwenden.

---

13 *Kloepfer*, NJW 1985, 2497 (2499).

Der Streik in der Daseinsvorsorge

Jens Kersten

I. Einleitung

Massive Streiks in der Daseinsvorsorge sind ein neues Phänomen.[1] In diesen Infrastrukturarbeitskämpfen stehen sich nicht nur Arbeitnehmer und Arbeitgeber gegenüber. Vielmehr werden Dienstleistungen nicht mehr erbracht, die für die Bürgerinnen und Bürger sowie für das Allgemeinwohl von zentraler Bedeutung sind: Bildung, Erziehung, Finanzen, Kommunikation, Mobilität, Sicherheit, Energie- und Wasserversorgung sowie Abfall- und Abwasserentsorgung. Daneben drohen bei einem Streik in den Kommunikations- und Verkehrsinfrastrukturen immense Schäden für die Volkswirtschaft. In der klassischen Moderne konnte eine Gesellschaft nur durch einen „Generalstreik" lahmgelegt werden. In unserer vernetzten Welt genügt der Streik einer (kleinen) Funktionselite, um weitreichende soziale, politische und wirtschaftliche Folgen auszulösen: Der Arbeitskampf der Lokomotivführer betraf 2007 das gesamte Bahnnetz und der Streik von 220 Vorfeldlotsen 2012 den gesamten Frankfurter Flughafen mit enormen wirtschaftlichen Folgeschäden, die weit über die bestreikten Infrastrukturunternehmen hinausgingen. Dabei ist die infrastrukturelle Drittwirkung von vornherein Teil der Arbeitskampfstrategie, die sich auch in vergleichsweise höheren Tarifabschlüssen der Funktionseliten niederschlägt. Diese Möglichkeiten und Folgen des Streiks in der Daseinsvorsorge sind Ausdruck eines Strukturwandels, der durch eine neue Konstellation der Wahrnehmung öffentlicher Aufgaben in Verbindung mit einer Transformation der Arbeitswelt bedingt ist (II.). In verfassungsrechtlicher Perspektive findet der Streik in der Daseinsvorsorge jedoch seine Grenzen in den Grundrechten der Bürgerinnen und Bürger sowie der im Grundgesetz gewährleisteten Gemeinwohlbelange (III.). Die insofern notwendig hyperkomplexe Abwägung führt

1 Vgl. hierzu und zum Folgenden *Franzen/Thüsing/Waldhoff*, Arbeitskampf in der Daseinsvorsorge. Vorschläge zur gesetzlichen Regelung von Streik und Aussperrung in Unternehmen der Daseinsvorsorge, 2012, S. 2 ff., 6 ff.; umfassend *Rudkowski*, Der Streik in der Daseinsvorsorge, 2010.

jedoch das tradierte Arbeitskampfrichterrecht an seine Leistungs- und Legitimationsgrenzen, so dass eine gesetzliche Regulierung des Arbeitskampfs in der Daseinsvorsorge angezeigt ist (IV.).

II. Strukturwandel

Das soziale, politische und wirtschaftliche Konfliktpotenzial von Infrastrukturstreiks wird deutlich, wenn man sich die aktuellen Transformationen des Wohlfahrtsstaats vor dem Hintergrund des Begriffs und Konzepts der „Daseinsvorsorge" bei Ernst Forsthoff vergegenwärtigt.

1. Wohlfahrtsstaatlicher Existentialismus

Der Begriff und das Konzept der „Daseinsvorsorge" gehen auf Ernst Forsthoff zurück.[2] Forsthoff hatte bereits Mitte der 1920er Jahre in seiner von Carl Schmitt betreuten Dissertation über den Ausnahmezustand der Länder festgestellt, dass selbst regionale Versorgungskrisen zu einer Delegitimation politischer Herrschaft führen können. In seinem Versuch, diese Erkenntnis als politische Anthropologie der Industriegesellschaft zu formulieren, wurde Forsthoff von der zeitgenössischen Existenzphilosophie bestärkt. Vor allem Martin Heideggers „einspringende, die ‚Sorge' abnehmende Fürsorge"[3] sowie Karl Jaspers „Daseinsfürsorge"[4] gaben Forsthoff die Stichworte für sein institutionelles Verständnis der „Daseinsvorsorge",[5] das er in seiner 1938 publizierten Monographie *Die Verwaltung als Leistungsträger* konturierte.[6] Dieser institutionellen Kontur der Daseinsvorsorge lag die psychologische Reflexion zugrunde, dass die Menschen ihren sozialen Raum im Industriezeitalter nicht mehr individuell beherrschen. Deshalb sind sie auf die Daseinsvorsorge durch den Leistungsstaat angewiesen: Sie „tauschen" Freiheit in der Gesellschaft gegen Teilhabe an einer Gemeinschaft, die sie vom

---

2 Vgl. hierzu und zum Folgenden *Kersten*, Die Entwicklung des Konzepts der Daseinsvorsorge im Werk von Ernst Forsthoff, Der Staat 44 (2005), S. 543 ff.; *Meinel*, Der Jurist in der industriellen Gesellschaft. Ernst Forsthoff und seine Zeit, 2011, S. 154 ff.

3 *Heidegger*, Sein und Zeit, 17. Auflage, 1993, S. 122.

4 *Jaspers*, Die geistige Situation der Zeit, 1931, S. 25, 27.

5 Vgl. *Bolz*, Diskurs über die Ungleichheit. Ein Anti-Rousseau, 2009, S. 97.

6 Vgl. hierzu und zum Folgenden *Forsthoff*, Die Verwaltung als Leistungsträger, 1938, S. 11 ff., 33 ff., 47 ff.

Daseinsrisiko vollkommen entlastet. Insofern lautet denn auch der verfassungspolitische Programmsatz der Monographie: „Die Grundrechte gehören der Geschichte an.“[7] An ihre Stelle tritt die Teilhabe an der Daseinsvorsorge, die den Leistungsstaat politisch legitimiert.[8] Diese sozialpsychologische Legitimationstheorie führt aber zugleich dazu, dass Forsthoff nicht randscharf definieren kann, welche Sektoren zur Daseinsvorsorge zählen.[9] Grundsätzlich soll sie alle staatlichen Leistungen umfassen, die menschliche Aneignungsbedürfnisse befriedigen. Allein im Hinblick auf die verwaltungsrechtlichen Folgerungen grenzt Forsthoff den Begriff auf zweiseitige Leistungsverhältnisse ein, auf die der Einzelne für seine Daseinsmöglichkeit angewiesen ist.[10] In einer nicht abschließenden Kasuistik zählt er hierzu die „Versorgung mit Wasser, Gas, Elektrizität“, „die Bereitstellung der Verkehrsmittel jeder Art, die Post, Telephonie und Telegraphie, die hygienische Sicherung, die Vorsorge für Alter, Invalidität, Krankheit, Arbeitslosigkeit und vieles andere mehr“, nicht jedoch Theater und „Lichtspiel“.

Es ist wichtig, sich den existenzialistischen Grundzug dieser sozialpolitischen Anthropologie der Hochmoderne einerseits und den praktisch alle infrastrukturierten Lebensbereiche umfassenden Anwendungsbereich der Daseinsvorsorge andererseits zu vergegenwärtigen. Denn deren normatives Spannungsverhältnis spiegelt sich – wie sich zeigen wird[11] – in der aktuellen Rechtsprechung sowie den gegenwärtigen rechtspolitischen Debatten über den Streik in der Daseinsvorsorge.

Forsthoff selbst gab in seinem *Lehrbuch des Verwaltungsrechts*, das von 1950 bis 1973 in zehn Auflagen erschien, bei grundsätzlicher Beibehaltung der existenzialistischen Begründung jede einengende Definition der „Daseinsvorsorge“ auf: Sie sollte alle staatlichen Leistungen umfassen.[12] Da konnte Hans Peter Ipsen sicherlich spötteln, in Forsthoffs *Lehrbuch* walte hinsichtlich der Daseinsvorsorge zwar ein „gesunder Avantgardismus“, doch die „dogmatische Verheißung von 1938“ – dem Erscheinungsdatum von Forsthoffs Monographie *Die Verwaltung als Leistungsträger* – habe sich

---

7 *Forsthoff* (Fn. 6), S. 1; vgl. *ders.*, ebd., S. 43, 46.

8 Vgl. hierzu und zum Folgenden *Forsthoff* (Fn. 6), S. 15 ff.; 19 ff., 38 ff., 46.

9 Vgl. hierzu und zum Folgenden *Forsthoff* (Fn. 6), S. 5 f., 47.

10 Vgl. hierzu und zum Folgenden *Forsthoff* (Fn. 6), S. 7, 12, 42 ff., einschließlich der Zitate.

11 Vgl. unten III.2.b.

12 Vgl. *Forsthoff*, Lehrbuch des Verwaltungsrechts. Erster Band. Allgemeiner Teil, 1. Auflage 1950, S. 11 f., 32, 278 ff.; 10. Auflage 1973, S. 370.

nicht erfüllt.[13] Aber so sehr diese Feststellung rechtsdogmatisch auch zutrifft, so wenig darf übersehen werden, dass es gerade diese Emulsion aus existenzialistischer Härte und definitorischer Weichzeichnung war, mit der die Daseinsvorsorge zum zentralen politischen Paradigma des Wohlfahrtsstaats in der Bundesrepublik und darüber hinaus werden konnte. Die politische Stabilität des Staats als „Vorsorgemaschine“[14] hat Forsthoff in seinem letzten Bestseller – *Der Staat der Industriegesellschaft* von 1971 – ausführlich reflektiert:[15] In Forsthoffs Welt kamen keine Arbeitskämpfe vor, welche die Daseinsvorsorge in Frage gestellt hätten. Sie wurde entweder durch Beamte mit Streikverbot oder durch Arbeiter und Angestellte erbracht, deren Gewerkschaften selbst keinen ernsthaften Streikangriff auf die Daseinsvorsorge als den harten politischen Kern der Industriegesellschaft toleriert hätten, um sich nicht selbst zu delegitimieren. Die (möglichen) Konflikte wurden in der Vorstellung eines demokratischen Bürgerrechts der Arbeitnehmerschaft auf regelmäßige Lohnsteigerungen und laufende Verbesserungen ihrer sozialen Sicherheit neutralisiert, die ihren ökonomischen Grund in ständigem wirtschaftlichem Wachstum haben sollten.[16] Damit war jedenfalls für Ernst Forsthoff die „soziale Realisation“ des sorgenden Wohlfahrtsstaats um das Jahr 1970 abgeschlossen; und der Motor gesellschaftlicher Veränderungen sollte nicht mehr die soziale, sondern die technische Entwicklung sein.[17]

2. Transformationen des Wohlfahrtsstaats

Es gehört sicherlich zu den ironischen Pointen in der Geistes- und Ideengeschichte der Bundesrepublik, dass Forsthoff dem daseinsvorsorgenden Leistungsstaat gerade in dem Augenblick dauerhafte Präsens attestiert, in dem sich die sozialen und ökonomischen Veränderungen verstärken, die sein monolithisches Verständnis von wohlfahrtsstaatlicher Daseinsvorsorge

---

13 *Ipsen*, Besprechung von Ernst Forsthoff, Lehrbuch des Verwaltungsrechts. Erster Band. Allgemeiner Teil, 1. Auflage 1950, AöR 76 (1950/1951), S. 377 (378 f.).

14 *Kaube*, Die Vorsorgemaschine. Zum einhundertsten Geburtstag des Juristen Ernst Forsthoff, FAZ, Nr. 214, 14.9.2002, S. 34.

15 Vgl. *Forsthoff*, Der Staat der Industriegesellschaft. Dargestellt am Beispiel der Bundesrepublik Deutschland, 1971, S. 75 ff., 105 ff., 119 ff., insbesondere aber S. 164 f.

16 Vgl. *Streeck*, Gekaufte Zeit. Die vertagte Krise des demokratischen Kapitalismus, 2013, S. 53.

17 Vgl. *Forsthoff* (Fn. 15), S. 33.

sprengen (werden):[18] Der einsetzende demografische Wandel provoziert die flächendeckenden Infrastrukturen.[19] Europäisierung und Globalisierung setzen das überkommene Verständnis des Wohlfahrtsstaats unter ökonomischen Konkurrenzdruck[20] und verändern so die staatliche Aufgabenwahrnehmung in der Daseinsvorsorge[21] sowie das Arbeits(kampf)recht:[22] Privatisierung, Tarifwettbewerb und Beamtenstreik sind die drei zentralen Stichworte der aktuellen Transformationen des Wohlfahrtsstaats, die den Arbeitskampf in der Daseinsvorsorge heute prägen.

a) Privatisierung

Die Privatisierung von Staatsaufgaben transformiert seit den 1990er Jahren den öffentlichen Sektor und damit auch die Leistungen der Daseinsvorsorge:[23] Abfall, Bahn, Bildung, Energie, Erziehung, Finanzen, Gesundheit, Post, Sicherheit, Telekommunikation und Verkehr werden gegenwärtig in den unterschiedlichsten Beteiligungs-, Organisations- und Rechtsformen erbracht, welche die Unterscheidung zwischen privat und öffentlich transzendieren. In der Verwaltungsrechtslehre haben sich neben dem klassischen Leistungsstaat eine ganze Reihe von Staatstypenbeschreibungen etabliert, um diesen Wandel in der Erfüllung von Staatssaufgaben zu charakterisieren:[24] Die Begriffe des „aktivierenden", „auffangenden", „dienstleistenden", „ermöglichenden", „gewährleistenden", „motivierenden", „nachhal-

---

18 Vgl. *Streeck* (Fn. 16), S. 23 ff.

19 Vgl. *Kersten/Neu/Vogel*, Die demografische Provokation der Infrastrukturen, Leviathan 40 (2012), S. 563 ff.; *dies.*, Demografie und Demokratie. Zur Politisierung des Wohlfahrtsstaats, 2012, S. 62 ff.

20 Vgl. *Dahrendorf*, Die Quadratur des Kreises: Wirtschaftlicher Wohlstand, sozialer Zusammenhalt und politische Freiheit, in: ders. Der Wiederbeginn der Geschichte. Vom Fall der Mauer zum Krieg im Irak. Reden und Aufsätze, 2004, S. 103 ff.

21 Vgl. *Kersten*, Mindestgewährleistungen im Infrastrukturrecht, IzR 2008, S. 1 ff.; *Knauff*, Der Gewährleistungsstaat. Reform der Daseinsvorsorge, 2004.

22 Vgl. *Rüthers*, Arbeitskampf in einer veränderten Wirtschafts- und Arbeitswelt, NZA 2010, S. 6 ff.

23 Vgl. hierzu und zum Folgenden *Grimm*, Das Öffentliche Recht vor der Frage nach seiner Identität, 2012, S. 34 f.; kritisch *Streeck* (Fn. 16), S. 69 f., 110.

24 Vgl. hierzu und zum Folgenden *Voßkuhle*, Neue Verwaltungsrechtswissenschaft, in: Hoffmann-Riem/Schmidt-Aßmann/Voßkuhle (Hrsg.), Grundlagen des Verwaltungsrechts, 1. Band, 2. Auflage, 2012, § 1, Rn. 46, 53 ff., 57 ff.; *Schuppert*, Verwaltungswissenschaft, 2000, S. 55 ff.

tigen", „ökonomischen" und „schlanken" Staats beschreiben aus hoheitlicher Perspektive die Vielzahl von Schattierungen, in denen Staats- und vor allem auch Infrastrukturleistungen heute erbracht werden. Dabei zeichnet es die sozialpolitische Gravitationskraft des Begriffs und Konzepts der „Daseinsvorsorge" aus, dass sie gerade im Kontext der Privatisierung von Verwaltungsaufgaben eine Renaissance erlebt hat. Während die Daseinsvorsorge bis in die 1980er Jahre irgendwo zwischen politischem Legitimationskonzept und soziologischem Modell changierte,[25] avancierte sie im Rahmen des Privatisierungsfolgenrechts zum Gesetzes- und damit Rechtsbegriff, um als normativer Maßstabsbegriff für Infrastrukturgewährleistungen zu dienen (z.B. § 1 Abs. 1 RegG, § 2 Abs. 2 Nr. 1 Satz 2 und Nr. 3 Satz 1 ROG).[26] Ganz in diesem Sinn reflektiert auch das Bundesverfassungsgericht in seiner Rechtsprechung die verfassungsrechtliche Steuerung der Verantwortungsteilung für die Infrastrukturgewährleistung im Privatisierungsfolgenrecht über den Daseinsvorsorgebegriff.[27] Gerade in diesen Infrastrukturbereichen stellen sich jedoch die hier zu diskutierenden Möglichkeiten und Grenzen von Arbeitskämpfen. In diesem Zusammenhang darf die Privatisierung von Staatsaufgaben nicht schlicht mit einer Arbeitskampffreigabe des Infrastruktursektors gleichgesetzt werden.[28] Privatisierung führt nicht zur De-, sondern zur Re-Regulierung. Letztere ist regelmäßig rechtlich sehr viel komplexer als die normative Steuerung der ursprünglich leistungsstaatlich erbrachten Aufgabe. Das gilt – wie noch zu zeigen sein wird[29] – auch für den Streik in der Daseinsvorsorge; und dies umso mehr, wenn man sich die allgemeine Entwicklung des Arbeitskampfrechts in den letzten Jah-

---

25 Vgl. *Ossenbühl*, Daseinsvorsorge und Verwaltungsprivatrecht, DÖV 1971, S. 513 (515 ff.).

26 Vgl. *Franzen/Thüsing/Waldhoff* (Fn. 1), S. 38 ff.; *Ronellenfitsch*, Daseinsvorsorge als Rechtsbegriff. Aktuelle Entwicklungen im nationalen und europäischen Recht, in: Blümel (Hrsg.), Ernst Forsthoff. Kolloquium aus Anlaß des 100. Geburtstags von Prof. Dr. Dr. h.c. Ernst Forsthoff, 2003, S. 53 ff.

27 Vgl. BVerfG, DÖV 2003, S. 678 (679); hierzu *Ronellenfitsch*, Eisenbahnwesen als Daseinsvorsorge, in: Hochhuth (Hrsg.), Rückzug des Staates und Freiheit des Einzelnen. Die Privatisierung existenzieller Infrastrukturen, 2012, S. 125 (133).

28 Vgl. im Ergebnis auch *Bayreuther*, Tarif- und Arbeitskampfrecht in der Neuordnung, NZA 2008, S. 12 (14); anderer Ansicht *Greiner*, Der Arbeitskampf der GdL. Überlegungen zur Parität im Sparten- und Spezialistenarbeitskampf, NZA 2007, S. 1023 (1028).

29 Vgl. unten IV. und V.

ren und dabei insbesondere die Folgen des Tarifwettbewerbs vergegenwärtigt.

b) Tarifwettbewerb

Der Tarifwettbewerb hat sich mit der Aufgabe des Grundsatzes der Tarifeinheit durch das Bundesarbeitsgericht eingestellt.[30] Die Judikative hat jedoch die Folgen der eigenen Rechtsprechung für das Arbeitskampfrecht – und insbesondere für den Streik in der Daseinsvorsorge – souverän dahinstehen lassen.[31] Deshalb blieb es vor allem der Monopolkommission vorbehalten, in ihrem 18. Hauptgutachten auf die Konsequenzen der Tarifpluralität für den Arbeitskampf hinzuweisen:[32] Erstens führt der Tarifwettbewerb zu einer Entsolidarisierung der Arbeitnehmerseite.[33] Spartengewerkschaften können selbst in Krisenzeiten für ihre zentralen Funktionsträger Lohnzuwächse erstreiten, während Einheitsgewerkschaften für Inflationsausgleich und Arbeitsplatzsicherung eintreten dürfen. Zweitens ist im Gewerkschaftswettbewerb strukturell ein Eskalationspotenzial angelegt, die eigene Durchsetzungsfähigkeit über im Vergleich zu anderen Sparten- wie Einheitsgewerkschaften höhere Forderungen zu beweisen.[34] Drittens befürchtet die Monopolkommission, dass sich dieses Eskalationspotenzial des Tarifwettbewerbs vor allem in der Daseinsvorsorge realisiert und zu einer nachhaltigen Beeinträchtigung der Rechte Dritter sowie immensen volks-

30 Vgl. BAG, NZA 2010, S. 645 ff., 778, 1068 ff.

31 Vgl. BAG, NZA 2010, S. 645 (653 [Rn. 70 ff.], 656 [Rn. 96]); S. 78; S. 1068 (1074 [Rn. 47 ff.], 1078 [Rn. 73]).

32 Vgl. BT-Drs. 17/2600, S. 335 ff. (Rn. 934 ff.), 348 ff. (Rn. 984 ff.), 351 ff. (Rn. 1001 ff.); darüber hinaus *Giesen*, Tarifeinheit im Betrieb, NZA 2009, S. 11 ff.; *ders.*, Tarifeinheit und Verfassung, ZfA 2011, S. 1 ff.; *Junker*, Grundfragen der Tarifeinheit in den Mitgliedsstaaten der Europäischen Union, ZfA 2011, S. 299 ff.; *Bayreuther*, Funktionsfähigkeit eines Tarifeinheitsgesetzes in der arbeitsrechtlichen Praxis?, NZA 2013, S. 1395 ff.; *Meik*, Der Arbeitskampf in der Daseinsvorsorge im Spannungsfeld von Tarifpluralität und fehlenden Spielregeln, in: Lehmann (Hrsg.), Deutsche und Europäische Tariflandschaft im Wandel, 2013, S. 112 ff.; *Rieble*, Verfassungsfragen der Tarifeinheit, 2010.

33 Vgl. hierzu und zum Folgenden BT-Drs. 17/2600, S. 349 (Rn. 985); darüber hinaus BR-Drs. 417/10, S. 1.

34 Vgl. hierzu und zum Folgenden BT-Drs. 17/2600, S. 349 (Rn. 986).

wirtschaftlichen Schäden führen kann.[35] Darüber hinaus sieht die Monopolkommission in den Sektoren der Daseinsvorsorge die Gefahr, Arbeitgeber und Arbeitnehmer könnten sich dieses Eskalationspotenzials über eine Externalisierung der Kosten in Form der Belastung von Kunden und Steuerzahlern entledigen. Diese Prognose der Monopolkommission wird zugleich dadurch unterstrichen, dass sich gerade im Infrastrukturbereich viele funktionsbezogene Spartengewerkschaften etabliert haben, die über eine vergleichsweise geringe Mitgliederzahl bei gleichzeitig hohem Organisationsgrad verfügen.[36]

c) Beamtenstreik

Die Legalisierung des Beamtenstreiks durch eine europarechtlich hyperventilierende Verwaltungsrechtsprechung[37] in den Jahren 2010 und 2011 verstärkt ebenfalls den Arbeitskampfdruck in der Daseinsvorsorge.[38] Insbesondere der gesamte Schul- und Bildungsbereich wäre von einem mit der rechtlichen Anerkennung des Streikrechts für Beamte einhergehenden Kollaps der institutionellen Garantie des Berufsbeamtentums betroffen. Zwar hat sich das Oberverwaltungsgericht Münster und nun auch das Bundesverwaltungsgericht – zu Recht – gegen die Legalität des Beamtenstreiks in der

35 Vgl. hierzu und zum Folgenden BT-Drs. 17/2600, S. 349 (Rn. 988); ferner *Schliemann*, Streikkaskaden in der Daseinsvorsorge?, in: Baeck/Hauck/Preis/Rieble/Röder/Schunder (Hrsg.), Festschrift für Jobst-Hubertus Bauer, 2010, S. 923 (939).

36 Vgl. *Franzen/Thüsing/Waldhoff* (Fn. 1), S. 2 ff.

37 Vgl. VG Düsseldorf, ZBR 2011, S. 177 ff.; VG Kassel, ZBR 2011, S. 386 ff.; VG Osnabrück, ZBR 2011, S. 389 ff.

38 Vgl. hierzu und zum Folgenden kritisch *Lindner*, Dürfen Beamte doch streiken?, DÖV 2011, S. 305 ff.; *ders*., Unabhängigkeit als Paradigma des Berufsbeamtentums, ZBR 2013, S. 145 (146 f.); *Franzen*, Die EGMR-Rechtsprechung zum Streikrecht und ihre Konsequenzen für Streikverbote in Deutschland, in: Reichold (Hrsg.), Streik im Dritten Weg? Analysen und Argumente zur kirchlichen Konfliktkultur, 2013, S. 9 (19); *Greiner*, EMRK, Beamtenstreik und Daseinsvorsorge – oder: Was der öffentliche Dienst vom kirchlichen Arbeitsrecht lernen kann, DÖV 2013, S. 623 ff.; *Di Fabio*, Das beamtenrechtliche Streikverbot. Das Streikverbot der Beamten als konstitutiver Bestandteil rechtsstaatlicher Demokratie, 2012; *Battis*, Streikverbot für Beamte, 2013; *Kersten*, Neues Arbeitskampfrecht. Zum Verlust institutionellen Verfassungsdenkens, 2012, S. 7 ff.; jeweils mit umfassenden Nachweisen zum Streitstand.

Bundesrepublik ausgesprochen.[39] Aber schon das Oberverwaltungsgericht Lüneburg zeigt sich in seiner Ablehnung des Streikrechts für Beamte weniger entscheidungssicher.[40] Die Fortsetzung der Auseinandersetzung um den Streik von Beamtinnen und Beamten vor dem Europäischen Gerichtshof für Menschenrechte ist bereits angekündigt worden.[41] Der Ausgang dieses Streits um die Zukunft des Berufsbeamtentums bestimmt maßgeblich die politischen Realisierungschancen einer gesetzlichen Regelung des Streiks in der Daseinsvorsorge.[42]

III. Verfassungsrechtlicher Rahmen

Der verfassungsrechtliche Rahmen, in den der Streik in der Daseinsvorsorge eingebettet ist, bedarf der demokratisch legitimierten Konkretisierung. Dabei stößt das Richterrecht, welches in der Bundesrepublik traditionell das Arbeitskampfrecht ausgestaltet,[43] an seine Leistungs- und Legitimationsgrenzen. Deshalb ist eine gesetzgeberische Regulierung notwendig.

1. Garantie und Grenzen des Streikrechts

Die Regelung des Art. 9 Abs. 3 Satz 1 GG garantiert mit dem Recht, zur Wahrung und Förderung der Arbeits- und Wirtschaftsbedingungen Vereinigungen zu bilden, die Tarifautonomie und insofern auch den tarifbezogenen Arbeitskampf.[44] Dieses Recht zum Arbeitskampf ist jedoch nicht grenzenlos gewährleistet. Zunächst findet das Streikrecht seine Schranke in der

39 Vgl. OVG Münster, ZBR 2012, S. 170 ff.; BVerwG, Urteil vom 27.2.2014 – 2 C 1.13.

40 Vgl. OVG Lüneburg, NdsVBl. 2012, S. 266 ff.

41 Vgl. *Löber*, Anmerkung zu VG Düsseldorf 15.12.2010 – 31 K 3904/10.0, AuR 2011, S. 75 f.

42 Vgl. unten V.

43 Vgl. BVerfGE 84, 212 (226 f.).

44 Vgl. BVerfGE 88, 103 (114); 92, 365 (393 f.); *Scholz*, Koalitionsfreiheit, in: Isensee/Kirchhof (Hrsg.), Handbuch des Staatsrechts, VIII. Band, 3. Auflage, 2010, § 175, Rn. 130; *ders.*, in: Maunz/Dürig, Grundgesetz. Kommentar, 67. Lieferung 2012, Art. 9, Rn. 310.

verfassungsrechtlichen Institutsgarantie der Tarifautonomie.[45] Es darf nur im Rahmen der doppelt gestuften Gegenseitigkeitsordnung der Tarifpartner ausgeübt werden. Darüber hinaus ist umstritten, ob die Schrankenregelung des Art. 9 Abs. 2 GG auch auf die in Art. 9 Abs. 3 Satz 1 GG garantierte Koalitionsfreiheit anzuwenden ist.[46] Das Bundesverfassungsgericht scheint nicht davon auszugehen, da die Koalitionsfreiheit seiner Auffassung nach allein verfassungsimmanenten Schranken unterliegt.[47] Dementsprechend wird das Streikrecht durch kollidierende Grundrechte der Bürgerinnen und Bürger sowie verfassungsrechtlich anerkannte Gemeinwohlgüter eingeschränkt.[48]

Dabei können von einem Arbeitskampf in der Daseinsvorsorge je nach bestreiktem Sektor die folgenden Grundrechte der Bürgerinnen und Bürger betroffen sein und dementsprechend das Streikrecht begrenzen: die Allgemeine Handlungsfreiheit vor allem im Hinblick auf infrastrukturelle Mobilitätsbeschränkungen (Art. 2 Abs. 1 GG), das Recht auf Leben und Gesundheit im Hinblick auf die medizinische und pflegerische Versorgung (Art. 2 Abs. 2 Satz 1 GG), Erziehung und Bildung im Hinblick auf bestreikte Kinderbetreuungs-, Erziehungs- und Schuleinrichtungen (Art. 6 Abs. 2 und Art. 7 Abs. 1 GG), die Berufsfreiheit im Hinblick auf infrastrukturelle Einschränkungen der wirtschaftlichen Betätigung von Bürgerinnen und Bürgern sowie Unternehmungen (Art. 12 Abs. 1 GG) und die Gewährleistung des Eigentums etwa im Hinblick auf die streikbedingten Folgen für verderbliche Produkte (Art. 14 Abs. 1 GG). Zu den verfassungsrechtlichen Gemeinwohlgütern, die von einem Arbeitskampf in der Daseinsvorsorge betroffen sein und ihn deshalb einschränken können, zählen die Gewährleis-

---

45 Vgl. hierzu und zum Folgenden *Kersten*, Koalitionsfreiheit als Kampfmittelfreiheit? – Zugleich ein Beitrag zur „Governance der Schwärme“, in: Rieble/Junker/Giesen (Hrsg.), Neues Arbeitskampfrecht, 2010, S. 61 (65 ff.).

46 Vgl. hierzu und zum Folgenden *Papier/Krönke*, Grundkurs Öffentliches Recht 2, 2012, Rn. 353 f.; *Jarass*, in: ders./Pieroth, GG. Grundgesetz für die Bundesrepublik Deutschland. Kommentar, 12. Auflage 2012, Art. 9, Rn. 49 m.w.N.

47 Vgl. BVerfGE 84, 212 (228).

48 Vgl. BVerfG, NZA 2007, S. 394 (395); BVerfGE 84, 212 (228); *Schliemann*, Streik in der Daseinsvorsorge, RdA 2012, S. 14 (15); zu der anders gelagerten Frage, ob die Koalitionsfreiheit und damit auch das Streikrecht durch überwiegende Interessen des Gemeinwohls eingeschränkt werden kann BAGE 23, 292 (306); BVerfG, NZA 2007, S. 394 (395); BVerfGE 84, 212 (228); *Scholz*, in: Maunz/Dürig (Fn. 44), Art. 9 GG, Rn. 274, 350: zum Streitstand *Franzen/Thüsing/Waldhoff* (Fn. 1), S. 65 f. m.umf.N.

tung der öffentlichen Sicherheit und Ordnung durch das Rechtsstaatsprinzip (Art. 20 Abs. 3 GG), der sozialen Sicherheit durch das Sozialstaatsprinzip (Art. 20 Abs. 1 GG), der Verkehrsbedürfnisse als Ausdruck des Allgemeinwohls (Art. 87e Abs. 4 Satz 1 GG), des flächendeckenden Postwesens und der flächendeckenden Telekommunikation (Art. 87f Abs. 1 GG) sowie des gesamtwirtschaftlichen Gleichgewichts (Art. 109 Abs. 2 GG). Diese Aufzählung ließe sich ohne Probleme fortführen und ausdifferenzieren. Sie zeigt, dass die Gewährleistung der Tarifautonomie in Art. 9 Abs. 3 Satz 1 GG in Mitten der Verfassungsordnung des Grundgesetzes steht und keinen verfassungstranszendierenden Gewährleistungsgehalt zu entfalten vermag. Für die Bestimmung der Grenzen des Arbeitskampfs in der Daseinsvorsorge ist es deshalb – auf der Schranken-Schranken-Ebene – notwendig, „praktische Konkordanz"[49] zwischen dem verfassungsrechtlich gewährleisteten Streikrecht auf der einen Seite und den staatlichen Schutzpflichten für die genannten Grundrechte und Verfassungsgüter auf der anderen Seite herzustellen.

2. Richterrecht

Arbeitskampfrecht ist in der Bundesrepublik Deutschland traditionell Richterrecht. In dieser Rechtstradition scheint es zunächst die Aufgabe der Rechtsprechung zu sein, im Fall eines Arbeitskampfs in der Daseinsvorsorge den verfassungsrechtlich geforderten Ausgleich zwischen dem Streikrecht einerseits und den Grundrechten der Bürgerinnen und Bürger sowie verfassungsrechtlich garantierten Gemeinwohlbelangen andererseits zu gewährleisten. Die Arbeitsgerichtsbarkeit hat mit dem Verhältnismäßigkeitsgrundsatz und der Gewährleistung von Notdiensten zwei Institute herausgearbeitet, um die verfassungsrechtlich geforderte praktische Konkordanz herzustellen.

49 *Hesse*, Grundzüge des Verfassungsrechts der Bundesrepublik Deutschland, 20. Auflage, 1999, Rn. 71 f.

a) Verhältnismäßigkeit

Die Rechtsprechung sieht im Grundsatz der Verhältnismäßigkeit das zentrale Rechtsinstitut, um die Grenzen eines Arbeitskampfs zu bestimmen.[50] Allerdings hat das Bundesarbeitsgericht das Verhältnismäßigkeitsprinzip – spätestens mit seiner Flash-Mob-Entscheidung vom 22. September 2009[51] – dogmatisch vollkommen dekonstruiert und ihm damit jede normative wie praktische Steuerungsfunktion für Arbeitskämpfe genommen:[52] Als Anknüpfungspunkt für die Verhältnismäßigkeitsprüfung wählt das Gericht nicht etwa die Funktionsfähigkeit der Tarifautonomie, sondern die Zweckrichtung des Arbeitskampfmittels. Dadurch setzt es sich aber selbst einem Dilemma aus: Aufgrund der Staatsferne des Tarifsystems und des Verbots der Tarifzensur wird die Beurteilung der Geeignetheit und Erforderlichkeit der Zielsetzung des Arbeitskampfmittels den Koalitionen und damit konkret der Koalition überantwortet, die das Arbeitskampfmittel einsetzt.[53] Mit der rechtsdogmatisch schlicht unhaltbaren Begründung, es ginge bei der Geeignetheit und Erforderlichkeit um tatsächliche Einschätzungen und nicht um eine rechtliche Prüfung, zieht sich die Gerichtsbarkeit auf eine Rechtsmissbrauchskontrolle zurück. Da das Bundesarbeitsgericht – in seiner Entscheidung zum Unterstützungsstreik vom 7. Juni 2007[54] – in Beispielen obiter dicta für diese Rechtsmissbrauchskontrolle auf die fehlenden Interessen der arbeitskampfführenden Gewerkschaften abstellt, ist nicht ganz klar, wann die Missbrauchskontrolle überhaupt eingreifen soll. Damit reduziert sich die rechtliche Würdigung auf die Angemessenheit – also die Verhältnismäßigkeit im engeren Sinn, wobei das Bundesarbeitsgericht hier schlicht prüft, ob bei typisierender Betrachtung der Gegenseite eine Reaktionsmöglichkeit im

---

50 Vgl. klassisch BAGE 23, 292 (306); grds. *Scholz*, in: Maunz/Dürig (Fn. 44), Art. 9 GG, Rn. 317.

51 Vgl. BAG, NZA 2009, S. 1347 (1352 ff.).

52 Vgl. hierzu und zum Folgenden *Kersten* (Fn. 45), S. 69 ff.; *ders*. (Fn. 38), S. 73 ff.

53 Vgl. hierzu und zum Folgenden BAG, NZA 2009, S. 1347 (1353); BAGE 122, 134 (159); 123, 134 (143 f.); LAG Baden-Württemberg, NZA 2009, S. 631 (634). Im Gegensatz zu dem Bundesarbeitsgericht wird von dem Bundesverfassungsgericht eine Einschätzungsprärogative „nur" für die Geeignetheit, nicht aber für die Erforderlichkeit anerkannt – vgl. BVerfG, NZA 2004, S. 1338 (1340); hierzu *Franzen*, Die neuere Rechtsprechung des Ersten Senats des BAG zum Arbeitskampfrecht, in: JbArbR 47 (2010), S. 119 (129 f.); grundsätzlich *Rudkowski* (Fn. 1), S. 33 ff.

54 Vgl. BAGE 123, 134 (146); ferner LAG Baden-Württemberg, NZA 2009, S. 631 (634 f.).

Arbeitskampf verbleibt. Dabei hatte es in seiner Flash-Mob-Entscheidung die Betriebsschließung und das Hausrecht als angemessene Abwehrmöglichkeiten angesehen[55] – ein im konkreten Fall nicht nachvollziehbares Ergebnis:[56] Mit einer Betriebsschließung entspricht der Arbeitgeber schlicht der Intention der arbeitskampfführenden Gewerkschaft, so dass es sich um überhaupt kein Abwehrmittel handelt. Und das Hausrecht des Arbeitgebers kann aufgrund der Schwarmstruktur des Flash-Mobs als Abwehrmittel sehr einfach unterlaufen werden.

Es fällt schwer, diese Argumentation des Bundesarbeitsgerichts rechtdogmatisch einzuordnen. Nach Thomas Dieterich wird das Verhältnismäßigkeitsprinzip hier sachgerecht modifiziert.[57] Doch ganz im Gegensatz dazu stellt sich die Frage, ob es sich überhaupt um eine Verhältnismäßigkeitsprüfung handelt:[58] Dies wird deutlich, wenn man das begrifflich schmückende Beiwerk von Geeignetheit, Erforderlichkeit und Angemessenheit einmal bei Seite lässt und schlicht fragt, was das Bundesarbeitsgericht materiell überhaupt prüft. Die Antwort lautet: Eine Arbeitskampfmaßnahme ist rechtswidrig, wenn sie rechtsmissbräuchlich ist oder sich die Gegenseite nicht verteidigen kann, wobei im Fall des Rechtsmissbrauchs eine restriktive und im Fall der Abwehrmöglichkeit eine typisierende Betrachtung vom Bundesarbeitsgericht zugrunde gelegt wird. Diese frugale Prüfung hat mit einer freiheitsorientierten Verhältnismäßigkeitsprüfung, die einen konkordanten Ausgleich zwischen zwei Rechtspositionen sucht und findet, allerdings nichts mehr zu tun. Ganz im Gegenteil: Mit der Bezeichnung dieser letztlich ineffektiven Missbrauchskontrolle als „Verhältnismäßigkeitsprüfung" wird eine gerechte, das heißt hinreichend komplexe Abwägung unter den konfligierenden Rechtsgütern suggeriert, die aber weder rechtlich noch praktisch stattfindet.[59]

---

55 Vgl. BAG, NZA 2009, S. 1347 (1353 f.).

56 Vgl. hierzu und zum Folgenden *Kersten* (Fn. 45), S. 72 ff., 78 ff.; *ders.* (Fn. 38), S. 77 ff.; jew.m.w.N.

57 Vgl. *Dieterich*, in: Müller-Glöge/Preis/Schmidt (Hrsg.), Erfurter Kommentar zum Arbeitsrecht, 12. Auflage, 2012, Art. 9 GG, Rn. 130a; kritisch *Rieble*, Das neue Arbeitskampfrecht des BAG, BB 2008, S. 1506 (1514); *Franzen* (Fn. 53), S. 122.

58 Vgl. hierzu und zum Folgenden *Kersten* (Fn. 45), S. 70 ff.; *ders.* (Fn. 38), S. 74 ff.

59 Vgl. zur „adäquaten Komplexität des konsistenten Entscheidens" *Luhmann*, Das Recht der Gesellschaft, 1995, S. 225; *ders.*, Gerechtigkeit in den Rechtssystemen der modernen Gesellschaft in: ders, Ausdifferenzierung des Rechts, 1981, S. 374 (388 ff.).

Für den Arbeitskampf in der Daseinsvorsorge bedeutet das vor allem, dass sich mit dieser typologisierten und evidenzbasierten Missbrauchskontrolle keine angemessene Abwägung der streikbetroffenen Grundrechte der Bürgerinnen und Bürger sowie der streikbeeinträchtigten Allgemeinwohlbelange bewältigen lässt. Zwar könnte man erwägen, den bundesarbeitsgerichtlichen Abwägungstopos der „Abwehrmöglichkeit" des Arbeitgebers für den notwendigen Interessenausgleich bei einem Streik in der Daseinsvorsorge im Sinn einer „Ausweichmöglichkeit" der Bürgerinnen und Bürger zu ersetzen. In diesem Fall wäre ein Streik in der Daseinsvorsorge jedenfalls dann verhältnismäßig, wenn die entsprechende Infrastrukturleistung substituierbar ist, weil die Bürgerinnen und Bürger die bestreikte Dienstleistung durch Leistungsalternativen ersetzen können. Doch letztlich bleibt diese Analogie aus drei Gründen verfassungsrechtlich zu oberflächlich: Erstens gibt es Daseinsvorsorgebereiche, in denen von vornherein keine Leistungssubstitute zur Verfügung stehen, wie dies etwa bei medizinischer oder pflegerischer Versorgung bzw. pädagogischer Betreuung, Erziehung und Bildung der Fall ist: Wäre in diesen Sektoren der Streik dann von vornherein unverhältnismäßig? Zweitens sind auch in den meisten Bereichen, in denen eine Substituierbarkeit bestreikter Daseinsvorsorgeleistungen in Betracht kommt, die Alternativen eher Fiktion denn Realität. Dies lässt sich an Beispielen aus dem Bereich des Verkehrs verdeutlichen. Hier ist zunächst für weite Distanzen der Flugverkehr faktisch nicht-substituierbar. Darüber hinaus führt im nationalen Raum der streikbedingte Ausfall von Mobilitätsstrukturen sehr schnell zur de-facto-Lahmlegung an sich streikfreier Alternativstrukturen: Im Fall des Bahnstreiks haben die Bürgerinnen und Bürger sowie die mobilitätsabhängigen Unternehmen nur die „Wahl", sich im Straßenverkehr massenweise selbst zu blockieren.[60] Drittens blendet der Topos der Substituierungsmöglichkeit nicht nur de facto, sondern auch normativ die verfassungsrechtliche Bewertung der Zumutbarkeit des Ausweichens aus, die allein in einer umfassenden Abwägung des Streikrechts mit den konfligierenden Grundrechten sowie den verfassungsrechtlich geschützten Gemeinwohlgütern bestimmt werden kann. Die Bürgerinnen und Bürger sowie die Allgemeinheit müssen sich von Verfassungs wegen nicht auf normative Standards reduzieren lassen, die vom Bundesarbeitsgericht für das besondere Gegenseitigkeitsverhältnis von Arbeitgebern und Arbeitnehmern im

60 Vgl. *Scherer*, Grenzen des Streikrechts in den Arbeitsbereichen der Daseinsvorsorge, 2000, S. 37.

Sinn des Art. 9 Abs. 3 Satz 1 GG entwickelt wurden – und dies umso weniger, als diese richterrechtliche Prüfung der „Verhältnismäßigkeit" selbst am Maßstab der Tarifautonomie gemessen eine verfassungsrechtliche Unterbilanz aufweist.

b) Notdienste

Das zweite Institut, welches die Rechtsprechung für die Governance des Streiks in der Daseinsvorsorge anerkennt, ist der so genannte „Notdienst". Das Bundesarbeitsgericht sieht die Arbeitskampfparteien zu „Notstandsarbeiten" verpflichtet, welche die „Versorgung der Bevölkerung mit lebensnotwendigen Diensten und Gütern" gewährleisten.[61] Auch wenn diese „Notdienste" zu den gefestigten Instituten des Arbeitskampfrichterrechts zählen, um staatlichen Schutzpflichten im Hinblick auf die Drittwirkung von Streiks gerecht zu werden, stellt sich auf der verfassungsrechtlichen Ebene ganz zentral die Frage, warum sich die Bürgerinnen und Bürger überhaupt auf eine Not- bzw. Minimalversorgung verweisen lassen müssen. Einer der Gründe, warum die „Lebensnotwendigkeit" von Diensten zum zentralen Kriterium einer „Minimalversorgung" bei einem Arbeitskampf in der Daseinsvorsorge avancieren konnte, ist wohl im existenzphilosophischen Ursprung und der existenzpolitischen Tradierung des Begriffs und Konzepts der „Daseinsvorsorge" zu sehen.[62] Diese Reduzierung auf das „Lebensnotwendige" mag im arbeits(kampf)rechtlichen Kontext auch gut mit der normativen Hyperfixierung auf Art. 9 Abs. 3 Satz 1 GG zusammenpassen, welche die Tarifautonomie zum Fixstern des Grundgesetzes erhebt und dabei deren angemessene Einbettung in die Einheit der Verfassungsordnung übersieht bzw. überspielt.[63]

Verfassungsdogmatisch ist eine Reduzierung der Gewährleistung der Grundrechte der Bürgerinnen und Bürger sowie der im Grundgesetz ausdrücklich benannten Gemeinwohlbelange auf einen „Notdienst" oder eine

---

61 Vgl. BAG, NZA 1995, S. 958 (959 f.), einschließlich der beiden vorstehenden Zitate; BAGE 38, 207 (209); LAG Sachsen, NZA 2008, S. 59 (68 f.); *Bayreuther* (Fn. 28), S. 13.

62 Vgl. oben II.1.

63 Vgl. *Uhl/Raif*, Streikrecht nur für Große? Der Professoren-Entwurf zu Streiks in der Daseinsvorsorge, ArbRAktuell 2012, 333090, sub. IV.: „Vielmehr muss sich Sinn und Zweck eines solchen Gesetzes [über den Streik in der Daseinsvorsorge] alleine am Normziel des Art. 9 III GG orientieren." (Klammerzusatz durch den Verfasser).

„Minimalversorgung“ aber keineswegs angezeigt. Die Gewährleistung der Tarifautonomie durch Art. 9 Abs. 3 Satz 1 GG steht gleichrangig neben den oben genannten, durch einen Arbeitskampf beeinträchtigten Grundrechten der Bürgerinnen und Bürger aus Art. 2 Abs. 1 und Abs. 2 Satz 1, Art. 6 Abs. 2, Art. 7 Abs. 1, Art. 12 Abs. 1 und Art. 14 Abs. 1 GG.[64] Das Grundgesetz kennt keine abstrakte Wertordnung, in der einzelne Grundrechte „höher“ als andere einzuordnen sind.[65] Ein solcher Vorrang einzelner Grundrechte würde sich allenfalls im Hinblick auf einen Vorrang der Menschenwürdegarantie (Art. 1 Abs. 1 GG) vor anderen Grundrechtsgewährleistungen ableiten lassen, weil diese formal durch die Ewigkeitsgarantie (Art. 79 Abs. 3 GG) jeder Verfassungsänderung entzogen und materiell keiner Abwägung zugänglich ist. Darüber hinaus ließe sich auch daran denken, dass aufgrund des engen Zusammenhangs von höchstpersönlichen Rechten mit der Menschenwürdegarantie die Gewährleistungen des Persönlichkeitsrechts (Art. 2 Abs. 1 i.V.m. Art. 1 Abs. 1 GG) sowie des Rechts auf Leben und Gesundheit (Art. 2 Abs. 2 Satz 1 GG) einen „höheren“ Stellenwert in der Verfassungsordnung genießen, so dass sie sozialen und wirtschaftlichen Grundrechten wie der Tarifautonomie schon bei abstrakter Betrachtung „vorgehen“. Doch ein solches Verständnis des Grundgesetzes als einer abstrakten bzw. abstrakt gestuften Wertordnung sieht sich zu Recht der Kritik ausgesetzt. Es kommt bei der Lösung von Verfassungskonflikten auf die konkrete Abwägung der betroffenen Verfassungsrechte und Verfassungsgüter an.

Für den Streik in der Daseinsvorsorge bedeutet dies aber, dass die Tarifautonomie auf der verfassungsrechtlichen Ebene keinen abstrakten Vorrang vor den höchstpersönlichen, kommunikativen und wirtschaftlichen Grundrechten der Bürgerinnen und Bürger oder den im Grundgesetz benannten Gemeinwohlbelangen genießt. Verfassungsrechtlich schmelzen diese streikbetroffenen Grundrechte und Gemeinwohlbelange also keineswegs auf den Begriff des „Notdienstes“ oder der „Minimalversorgung“ zusammen. Andernfalls würde die im Arbeitsverfassungsrecht zu Recht überholte Kernbereichslehre wieder aufleben[66] – nur nicht zu Lasten der Koalitionen,

---

64 Vgl. oben III.1.

65 Vgl. *Franzen/Thüsing/Waldhoff* (Fn. 1), S. 63.

66 Vgl. BVerfGE 93, 352 (358 ff.); 100, 214 (221 ff.); BVerfG, NZA 2007, S. 394 (395); BAG, NZA 2010, S. 645 (654 [Rn. 76]); NZA 2010, S. 1068 (1075 [Rn. 53]); kritisch *Junker*, Anmerkung zu BAG 19.6.2007 – 1 AZR 396/06, JZ 2008, S. 102 ff.; grds. *Otto*, Arbeitskampf- und Schlichtungsrecht, 2006, § 4, Rn. 5 ff.; jew. m.w.N.

sondern zu Lasten der Bürgerinnen und Bürger sowie des Gemeinwohls. Demgegenüber suggerieren schon die Begriffe des „Notdienstes" und der „Minimalversorgung" eine asymmetrische Nachrangigkeit der streikbetroffenen Dritt- und Gemeinwohlinteressen, die verfassungsrechtlich nicht gegeben ist. In verfassungsrechtlicher Perspektive muss vielmehr eine „angemessene Grundversorgung" sichergestellt werden, die sich aus der Abwägung der Tarifautonomie mit den betroffenen Grundrechten der Bürgerinnen und Bürger sowie den grundgesetzlich anerkannten Gemeinwohlinteressen ergibt. Diese Abwägung bedarf einer – demokratisch verantworteten – Konkretisierung, wobei durchaus zwischen verschiedenen Daseinsvorsorgebereichen differenziert werden kann.[67]

c) Funktions- und Legitimationsgrenzen des Richterrechts

Die Arbeitsgerichtsbarkeit weist also in ihren Versuchen, dem Streik in der Daseinsvorsorge durch das Verhältnismäßigkeitsprinzip und die Notdienstverpflichtung verfassungskonforme Grenzen zu ziehen, eine verfassungsrechtliche Unterbilanz auf. Die hyperkomplexe Abwägung, die zwischen der Tarifautonomie einerseits und den drittbetroffenen Grundrechten und Gemeinwohlbelangen andererseits beim Streik in der Daseinsvorsorge erforderlich ist, führen nicht nur an die Funktions-, sondern auch an die Legitimationsgrenzen des Richterrechts. Aus diesem Grund wirken wohl auch die Gerichtsentscheidungen zum GdL-Streik 2007 so arbiträr. Sie stimmen insbesondere bedenklich, wenn etwa ausdrücklich in der Verfassung benannte Gemeinwohlbelange – wie die Verkehrsbedürfnisse in Art. 87e Abs. 4 Satz 1 GG – in der Abwägung von der Arbeitsgerichtsbarkeit schlicht für irrelevant erklärt werden.[68] Der Hyperkomplexität dieser Abwägung kann vor allem durch Verfahrensgestaltungen Rechnung getragen werden. Zwar ist nicht von vornherein ausgeschlossen, dass die Rechtsprechung etwa im Rahmen der verfassungsrechtlich angezeigten Verhältnismäßigkeitsprüfung auch verfahrensrechtliche Anforderungen für die Rechtsmäßigkeit des Streiks in der Daseinsvorsorge entwickelt. Doch dies wären allenfalls einzelne „Verfahrensbausteine". Die Judikative kann aufgrund ihrer Entschei-

---

67 Vgl. unten IV.

68 Vgl. LAG Sachsen, NZA 2008, S. 59 (70); zu Recht kritisch *Scholz* (Fn. 44), § 175, Rn. 39; *ders.*, Bahnstreik und Verfassung, in: Bauer/Kort/Möllers/Sandmann (Hrsg.), Festschrift für Herbert Buchner, 2009, S. 827 (834 f.).

dung über mehr oder weniger zufällige Einzelfälle kaum zu einer konsistenten Verfahrensgestaltung finden, für deren umfassende normative Entfaltung ihr darüber hinaus auch die demokratische Legitimation fehlt.

IV. Gesetzgeberische Regulierung

Es ist die Aufgabe des Gesetzgebers, die wesentlichen Grundrechtskonflikte unserer Gesellschaft zu regeln. Das gebietet die Wesentlichkeitstheorie als Ausprägung des Demokratieprinzips (Art. 20 Abs. 1 – Abs. 3 GG). Danach ist der Gesetzgeber verpflichtet, „– losgelöst vom Merkmal des ‚Eingriffs' – in grundlegenden normativen Bereichen, zumal im Bereich der Grundrechtsausübung, soweit diese staatlicher Regelung zugänglich ist, alle wesentlichen Entscheidungen selbst zu treffen."[69] Gerade die Betonung, dass die Wesentlichkeitslehre auch jenseits des klassischen Grundrechtseingriffs gilt, unterstreicht ihre zentrale Bedeutung für das Privatisierungsfolgenrecht. Letzteres wird bei typologischer Betrachtung durch mittelbare Grundrechtskonflikte unter Privaten bestimmt, zu deren Lösung der Staat durch grundrechtliche Schutzpflichten, das Sozialstaatsprinzip (Art. 20 Abs. 1 GG) sowie verfassungsrechtliche Gewährleistungsaufträge (Art. 87e und Art. 87f GG) verpflichtet ist.

Eine solche mehrpolige Entscheidungslage kennzeichnet auch den Streik in der Daseinsvorsorge:[70] Hier konfligieren nicht nur die Tarifautonomie (Art. 9 Abs. 3 Satz 1 GG) einerseits mit den Grundrechten der Bürgerinnen und Bürger (Art. 2 Abs. 1 und Abs. 2 Satz 1, Art. 6 Abs. 2, Art. 7 Abs. 1, Art. 12 Abs. 1 und Art. 14 Abs. 1 GG) sowie verfassungsrechtlich geschützten Gemeinwohlbelangen (Art. 20 Abs. 1, Art. 87e und Art. 87f, Art. 109 Abs. 2 GG) andererseits. Vielmehr kann der Gesetzgeber in diesem Bereich auch nicht davon ausgehen, dass das Arbeitskampfrecht als Richterrecht eine angemessene Lösung findet: zum einen, weil die von der Arbeitsgerichtsbarkeit entwickelten Streikgrenzen eine verfassungsrechtliche Unterbilanz

---

69 BVerfGE 49, 89 (126 m.w.N.); hierzu *Papier/Krönke*, Grundkurs Öffentliches Recht 1, 2012, Rn. 135 f.

70 Vgl. *Franzen/Thüsing/Waldhoff* (Fn. 1), S. 44 ff.; anderer Ansicht *Schliemann* (Fn. 48), S. 15; *Berg*, Streikverbot durch Verfahren – „Tariffrieden" statt Tarifautonomie in der Daseinsvorsorge, in: Schubert (Hrsg.), Anforderungen an ein modernes kollektives Arbeitsrecht. Festschrift für Otto Ernst Kempen, 2013, S. 278 (291).

aufweisen;[71] zum anderen, weil die Rechtsprechung bei der verfassungsrechtlichen Konturierung der vor allem verfahrensrechtlichen Anforderungen an die Rechtmäßigkeit eines Streiks in der Daseinsvorsorge nicht nur an ihre Leistungs-, sondern auch an ihre Legitimationsgrenzen stößt.[72]

Bei der damit notwendigen gesetzlichen Ausgestaltung des Streiks in der Daseinsvorsorge kommt der Legislative ein weiter Gestaltungsspielraum zu. Für dessen Ausfüllung stehen dem Gesetzgeber eine ganze Reihe von Regulierungsbausteinen zur Verfügung. Diese reichen von Koordinations- und Kooperationspflichten über die betriebliche Mindestrepräsentation bis zu Urabstimmungs- und Ankündigungspflichten streikender Koalitionen. Daneben kommen optionale, obligatorische oder zwangsweise Schlichtungsverfahren in Betracht. Schließlich stellen die angemessene Grundversorgung der Bürgerinnen und Bürger sowie die angemessene Gewährleistung von verfassungsrechtlich garantierten Gemeinwohlbelangen zentrale Institute für die gesetzliche Regulierung des Streiks in der Daseinsvorsorge dar. Grundsätzlich verfügt der Gesetzgeber über ein weites politisches Ermessen im Hinblick darauf, welche dieser Regulierungsbausteine er aufgreift und wie intensiv er sie je für sich und in Kombination miteinander ausgestaltet. Bei der Ausübung dieses politischen Ermessens wird die Legislative maßgeblich durch den Grundsatz der Verhältnismäßigkeit bestimmt. Dieser lässt sich für die Regulierung des Arbeitskampfrechts nach dem Ende der Tarifeinheit und damit auch für den Streik in der Daseinsvorsorge auf die folgende Je-Desto-Formel bringen.[73] Je mehr und je stärker Arbeitskämpfe in einem Sektor der Daseinsvorsorge die Grundrechte der Bürgerinnen und Bürger sowie verfassungsrechtliche Gemeinwohlbelange beeinträchtigen, desto restriktiver kann die Regulierung des Arbeitskampfs in der Daseinsvorsorge ausfallen – und vice versa. Der Gesetzgeber hat also bei der Ausübung seines Gestaltungsermessens vor allem zwei Bewertungen vorzunehmen: Erstens muss er die faktische Entwicklung von Arbeitskämpfen in der Daseinsvorsorge fortlaufend beobachten und auf dieser Grundlage ihr Eskalationspotenzial einschätzen. Zweitens hat er die Tarifautonomie und die konkrete Beeinträchtigung der streikbetroffenen Grundrechte der Bürgerinnen und Bürger sowie der streikbeeinträchtigten Verfassungsgüter in ein angemessenes Verhältnis zu setzen. Dies muss nicht, kann aber dazu führen, dass in verschiedenen Daseinsvorsorgesektoren die Regulierung unterschiedlich

71 Vgl. oben III.2.a.; III.2.b.

72 Vgl. oben III.2.c.

73 Vgl. hierzu und zum Folgenden *Kersten* (Fn. 38), S. 60 ff.

ausfällt, weil etwa die streikbedingte Beeinträchtigung der Gesundheit und des Lebens von Bürgerinnen und Bürgern (Art. 2 Abs. 2 Satz 1 GG) konkret anders zu bewerten ist als die streikbegründete Einschränkung von Mobilität (Art. 2 Abs. 1, Art. 12 Abs. 1 GG).[74] Dies mag beispielsweise im Hinblick auf eine faktisch eskalierende Arbeitskampfpraxis dazu führen, dass Streiks im Gesundheitswesen auch vollkommen ausgeschlossen und Zwangsschlichtungen verhältnismäßig sein können, während im Transportwesen die normative Regulierung des Arbeitskampfs über Verfahrensbausteine in Verbindung mit der Gewährleistung einer angemessenen Grundversorgung erfolgt.

V. Professoren-Entwurf (Franzen/Thüsing/Waldhoff)

Martin Franzen, Gregor Thüsing und Christian Waldhoff haben – auf Anregung und mit Unterstützung der Carl Friedrich von Weizsäcker-Stiftung – im März 2012 einen Gesetzentwurf (GE) für die Regulierung des Streiks in der Daseinsvorsorge vorgelegt: den „Vorschlag für einen angemessenen Ausgleich zwischen den Tarifvertragsparteien und der Allgemeinheit".[75] Der Entwurf reagiert auf die faktische Entwicklung von Arbeitskämpfen im letzten Jahrzehnt und insbesondere auf die Aufgabe des Grundsatzes der Tarifeinheit.[76] Vor diesem Hintergrund beschränkt sich der Gesetzesvorschlag darauf, Verfahrensregelungen für den Arbeitskampf zu konturieren: Ankündigungspflichten, Grundversorgung, Urabstimmung, Schlichtung und Mindestrepräsentation.[77] Dabei erweist sich der Regelungsvorschlag an den oben entwickelten Vorgaben des Grundgesetzes als verfassungskon-

---

74 Vgl. *Bayreuther* (Fn. 28), S. 14 m.w.N.

75 Vgl. hierzu und zum Folgenden den Abdruck des Gesetzesentwurfs in *Franzen/Thüsing/Waldhoff* (Fn. 1), S. 134 ff.; sowie *dies.*, Ein Gesetzentwurf zur Regelung des Arbeitskampfes im Bereich der Daseinsvorsorge, ZG 2012, S. 349 ff.; ferner der Anhang dieses Bandes; in rechtsvergleichender Perspektive *Thüsing*, Rechtsvergleichende Gedanken zum Arbeitskampf in der Daseinsvorsorge, in: Lehmann (Fn. 32), S. 126 ff.

76 Vgl. oben II.2.b.; *Franzen/Thüsing/Waldhoff* (Fn. 1), S. 1 ff.

77 Vgl. anderer Ansicht *Berg* (Fn. 70), S. 279: Der Vorschlag stehe „in der Tradition der von bestimmten Vertretern der Arbeitgeberseite und der Rechtswissenschaften in den vergangenen Jahrzehnten wiederholt erhobenen Forderungen nach einer möglichst ‚streikfreien Zone' im Öffentlichen Dienst bzw. in der Daseinsvorsorge.".

form:[78] Er konturiert einen konkordanten Ausgleich zwischen der Tarifautonomie einerseits und den streikbetroffenen Grundrechten und Verfassungsgütern andererseits.

1. Gesetzeszweck

§ 1 GE regelt den Gesetzeszweck. Dieser besteht darin, kollektive Arbeitskonflikte in der Daseinsvorsorge zu regulieren (§ 1 Abs. 1 GE). Dabei werden kollektive Arbeitskonflikte als „Auseinandersetzungen mit dem Ziel" definiert, „den Abschluss eines Tarifvertrags durchzusetzen oder abzuwenden"[79] (§ 1 Abs. 2 GE). Soweit der Gesetzentwurf keine Regelung trifft, sollen die Rechtsgrundsätze des Arbeitskampfrechts sowie die übrigen Rechtsvorschriften des kollektiven Arbeitsrechts gelten (§ 1 Abs. 3 GE).

2. Geltungsbereich

§ 2 GE bestimmt den Geltungsbereich, indem die zur „Daseinsvorsorge im Sinne dieses Gesetzes"[80] gehörenden Sektoren aufgezählt werden: 1. Medizinische und pflegerische Versorgung, 2. Versorgung mit Energie und Wasser, 3. Feuerwehr, Bestattung, Entsorgung, 4. Landesverteidigung und innere Sicherheit, 5. Verkehr, 6. Erziehungswesen und Kinderbetreuung, 7. Kommunikationsinfrastruktur und 8. Versorgung mit Bargeld und Zahlungsverkehr.

Die Enumeration der Daseinsvorsorgesektoren in § 2 GE ist in mehrfacher Hinsicht kritisiert worden: Die Regelung verwende – erstens – Allgemeinbegriffe, die im Einzelfall zu Abgrenzungsproblemen führten.[81] Sie unterscheide – zweitens – nicht zwischen substituierbaren und nicht-substituierbaren Leistungen.[82] Sie lasse – drittens – offen, ob neben dem Personal, das unmittelbar die Daseinsvorsorgeleistung anbiete, etwa auch das Verwal-

---

78 Vgl. oben III.1.

79 *Franzen/Thüsing/Waldhoff* (Fn. 1), S. 134.

80 *Franzen/Thüsing/Waldhoff* (Fn. 1), S. 134.

81 Vgl. *Rudkowski*, Eine „scharfe Waffe" wohl gebrauchen: Der Professorenentwurf zur Regelung des Arbeitskampfs in der Daseinsvorsorge, ZfA 43 (2012), S. 467 (468 ff.).

82 Vgl. *Uhl/Raif* (Fn. 63), sub. III.2.

tungspersonal vom Geltungsbereich erfasst werde.[83] Insofern wird bereits mit Blick auf den Anwendungsbereich eine Beschränkung auf die Grundversorgung[84] bzw. auf die Lebenswichtigkeit[85] der Leistung befürwortet.

Doch diese Kritik überzeugt nicht: Im Rahmen seiner weiten Gestaltungsfreiheit darf der Gesetzgeber in Ausübung seines legislativen Ermessens den Lebensbereich der Daseinsvorsorge typisieren, ohne gegen das Bestimmtheitsgebot (Art. 20 Abs. 3 GG) zu verstoßen. Soweit im Fall des § 2 GE Abgrenzungsprobleme auftreten sollten, können diese von der Rechtsprechung mit Blick auf den in § 1 Abs. 1 GE normierten Gesetzeszweck bewältigt werden. Auch ist der Gesetzgeber verfassungsrechtlich nicht gezwungen, von vornherein zwischen substituierbaren und nicht-substituierbaren Daseinsvorsorgeleistungen zu differenzieren. Er kann für die verschiedenen Daseinsvorsorgesektoren unterschiedliche Regelungen erlassen, muss dies aber nicht.[86] Eine einheitliche Regelung des Arbeitskampfs in der Daseinsvorsorge ist solange nicht zu beanstanden, als der Verhältnismäßigkeitsgrundsatz sowohl in seiner Form als Übermaß- wie Untermaßverbot für alle betroffenen Sektoren für sich genommen gewahrt wird. Gerade im Hinblick auf die Frage der Substituierbarkeit von Daseinsvorsorgeleistungen darf der Gesetzgeber dabei berücksichtigen, dass diese Unterscheidung insbesondere im Verkehrsbereich (§ 2 Nr. 5 GE) in der Realität regelmäßig nicht besteht.[87] Darüber hinaus kann aus der abstrakten Möglichkeit, eine Daseinsvorsorgeleistung zu substituieren, nicht schlicht auf deren Verhältnismäßigkeit geschlossen werden. Ein solcher normativer Kurzschluss überspielt die Fragen der Angemessenheit und Zumutbarkeit des Substitutionszwangs, den die Legislative nicht nur bewerten darf, sondern auch bewerten muss. Des Weiteren ist der Gesetzgeber auch nicht verpflichtet, zwischen der unmittelbaren und der mittelbaren Erbringung von Daseinsvorsorgeleistungen zu differenzieren: Er kann einen Daseinsvorsorgesektor über seine Funktion für die Bürgerinnen und Bürger sowie verfassungsrechtliche Gemeinwohlgüter fassen. Das ganze Personal, welches eine Leistung für diese

83 Vgl. *Rudkowski* (Fn. 81), S. 469.

84 Vgl. *Greiner*, Die Ausgestaltung eines „Tarifeinheitsgesetzes“ und der Streik am Frankfurter Flughafen, NZA 2012, S. 529 (534).

85 Vgl. *Rudkowski* (Fn. 81), S. 468, 470 f.; *Berg* (Fn. 70), S. 280. *Rudkowski*, ebd., S. 471, hat deshalb den folgenden Vorschlag zur Regelungsergänzung des § 2 GE unterbreitet: „Daseinsvorsorge sind nur Betriebe in den unter Nr. 1-8 genannten Bereichen, die für die Bevölkerung lebenswichtige Leistungen erbringen.“.

86 Vgl. oben IV.

87 Vgl. hierzu und zum Folgenden oben III.2.a.

Daseinsvorsorgefunktion erbringt, fällt dann unter den Anwendungsbereich der verfahrensrechtlichen Arbeitskampfregelungen. In diesem Zusammenhang darf der Gesetzgeber auch einbeziehen, dass bei längeren Arbeitskämpfen – etwa des Verwaltungspersonals eines Daseinsvorsorgesektors – die unmittelbare Leistungserbringung ebenfalls betroffen ist. Schließlich ist die Legislative auch nicht von Verfassungs wegen gezwungen, den gesetzlichen Geltungsbereich von vornherein auf eine Grundversorgung zu beschränken. Dies gilt umso mehr, wenn die Grundversorgung spezifisch verfahrensrechtlich ausgestaltet werden soll (§ 4 GE). Der Legislative kommt hinsichtlich des gesetzlichen Arrangements der Regulierungsbausteine ein weiter Gestaltungsspielraum zu,[88] der durch die vorgeschlagene Regelungssystematik von § 2 und § 4 GE nicht überschritten wird. Analoges gilt für die Forderung, die Daseinsvorsorge von vornherein auf lebensnotwendige Dienstleistungen zu beschränken. Denn diese Vorgabe knüpft an die existenzialistische Kontur von Daseinsvorsorge in den 1920er bzw. 1930er Jahren an, nicht aber an das Grundgesetz, in dem dieser politische Existenzialismus im Hinblick auf die Daseinsvorsorge gerade nicht angelegt ist.[89]

3. Ankündigungspflicht

§ 3 verpflichtet die Koalitionen, den Arbeitskampfgegner sowie die Öffentlichkeit über ihre konkreten Arbeitskampfmaßnahmen zu informieren. Eine Arbeitskampfmaßnahme soll nur zulässig sein, wenn sie vier Tage vor ihrem geplanten Beginn gegenüber der anderen Arbeitskampfpartei angekündigt wurde (§ 3 Abs. 1 Satz 1 GE), wobei der Ort, der Beginn und die Dauer der Arbeitskampfmaßnahme mitgeteilt werden müssen (§ 3 Abs. 1 Satz 2 GE). Darüber hinaus hat die zum Arbeitskampf aufrufende Koalition die Öffentlichkeit in geeigneter Weise über den Arbeitskampf und insbesondere über Beginn, Ort und Dauer konkreter Arbeitskampfmaßnahmen zu unterrichten (§ 3 Abs. 2 GE).

Die von § 3 GE geregelte Ankündigungspflicht wird teilweise insgesamt für unverhältnismäßig und verfassungswidrig gehalten: Sie beschneide – so

88 Vgl. oben IV.
89 Vgl. oben II.1; III.2.b.

die Kritik[90] – die Koalitionsfreiheit der Gewerkschaften um die unangekündigte Streikmaßnahme, die als überraschendes zugleich ein zentrales Element jeder Streiktaktik sei. Andererseits wird aber auch in der verfassungsrechtlichen Bewertung zwischen der Ankündigung gegenüber der anderen Arbeitskampfpartei und der Öffentlichkeit differenziert:[91] Die Ankündigung gegenüber dem Arbeitskampfgegner (§ 3 Abs. 1 GE) sei nicht erforderlich, weil dadurch nicht die streikbetroffenen Grundrechte der Bürgerinnen und Bürger geschützt werden könnten. Des Weiteren werde der Arbeitskampfgegner ohnehin über den bevorstehenden Streik informiert, gerade weil § 4 GE eine Notstandsvereinbarung voraussetze. Im Unterschied dazu sei die Informationspflicht gegenüber der Öffentlichkeit vor allem im Hinblick auf die Ankündigungsfrist zu unbestimmt.

Doch auch diese verfassungsrechtlichen Einwände gegen § 3 GE verfangen nicht. Die Ankündigungspflichten sowohl gegenüber dem Streikgegner als auch gegenüber der Öffentlichkeit sind als verfassungskonforme Beschränkungen der Freiheit, Arbeitskampfmaßnahmen auch ohne Vorankündigung einzusetzen, zum Schutz der streikbetroffenen Grundrechte der Bürgerinnen und Bürger sowie verfassungsrechtlicher Gemeinwohlgüter gerechtfertigt. Nur auf diese Weise können die Arbeitskampfgegner die Grundversorgung für die Bevölkerung und die Allgemeinheit vorbereiten und die Bürgerinnen und Bürger sich in ihren Lebensverhältnissen auf den Arbeitskampf einstellen.[92] Zwar wird der streikenden Partei der Überraschungseffekt des Arbeitskampfmittels genommen. Doch der Arbeitskampf ist dadurch keineswegs grundsätzlich ausgeschlossen. Der retardierende Regulierungsbaustein der Ankündigungspflicht ist vielmehr Ausdruck der massiven Beeinträchtigung unbeteiligter Dritter sowie der Allgemeinheit durch den Arbeitskampf, der aus Gründen der Verhältnismäßigkeit von der arbeitskampfführenden Koalition hingenommen werden muss. Dabei lässt sich im Hinblick auf die Unterrichtung des Arbeitskampfgegners auch nicht einwenden, dieser sei durch die Vereinbarung der Grundversorgung im Sinn des § 4 GE ohnehin schon über die Arbeitskampfsituation informiert. Dies trifft nur grundsätzlich hinsichtlich anstehender Streiks, nicht aber mit Blick

---

90 Vgl. *Berg* (Fn. 70), S. 282 f.; *Greiner* (Fn. 84), S. 534; auch *Bayreuther*, Gesetzliche Regelungen kollektiver Arbeitskonflikte in der Daseinsvorsorge, NZA 2013, S. 704 (706 f.).

91 Vgl. hierzu und zum Folgenden *Rudkowski* (Fn. 81), S. 475 f.

92 Vgl. *Franzen/Thüsing/Waldhoff* (Fn. 1), S. 107; anderer Ansicht *Rudkowski* (Fn. 81), S. 475.

auf konkrete Arbeitskampfmaßnahmen zu, bei denen die Grundversorgung zu garantieren ist. Die Informationen, die im Rahmen der Aushandlung der Grundversorgung über die anstehenden Arbeitskämpfe ausgetauscht werden, genügen also insofern nicht. Bezüglich der Ankündigung des konkreten Arbeitskampfs gegenüber der Öffentlichkeit ist der formalen Kritik an § 3 Abs. 2 GG zuzustimmen: Die Regelung könnte hinsichtlich der Ankündigungsmodalitäten – etwa im Hinblick auf den zeitlichen Vorlauf – präziser gefasst sein. Aber dies führt nicht zur Verfassungswidrigkeit der Norm. Die generalklauselartige Fassung – „in geeigneter Weise“ – lässt sich gerade in zeitlicher, aber auch medialer Hinsicht durch Auslegung konkretisieren: Nach dem Sinn und Zweck der Regelung muss der Bevölkerung genug Zeit bleiben, sich auf den Streik einzustellen.

4. Grundversorgung

§ 4 GE legt die Anforderungen an die Grundversorgung fest. Prinzipiell haben die Arbeitskampfparteien dafür zu sorgen, „dass die zur Befriedung der elementaren persönlichen, sozialen und öffentlichen Bedürfnisse erforderliche Grundversorgung aufrechterhalten wird“ (§ 4 Abs. 1 Satz 1 GE). Die Arbeitnehmerinnen und Arbeitnehmer, die für die Sicherstellung der Grundversorgung erforderlich sind, müssen von Arbeitskampfmaßnahmen ausgeschlossen sein (§ 4 Abs. 1 Satz 2 GE). Die Arbeitskampfparteien sollen grundsätzlich einvernehmlich die Einzelheiten für die Aufrechterhaltung der Grundversorgung einschließlich der dafür notwendigen Verfahrensregelungen im Fall der Nichteinigung bestimmen (§ 4 Abs. 2 Satz 1 GE). Falls keine einvernehmliche Einigung zustande kommt, entscheidet über den Umfang der Grundversorgung eine Einigungsstelle (§ 4 Abs. 2 Satz 2 GE), die von jeder Arbeitskampfpartei jederzeit angerufen werden kann (§ 4 Abs. 2 Satz 3 GE). Die Einigungsstelle besteht aus paritätisch entsandten Beisitzern der Arbeitskampfparteien sowie einem unparteiischen Vorsitzenden, auf den sich die Arbeitskampfparteien einigen (§ 4 Abs. 3 Satz 1 GE). Kommt eine Einigung nicht zustande, wird der unparteiische Vorsitzende von der Arbeitsgerichtsbarkeit bestimmt (§ 4 Abs. 3 Sätze 2 und 3 GE). Die Einigungsstelle entscheidet mit Mitgliedermehrheit (§ 4 Abs. 4 Satz 2 GE). Bei der Beschlussfassung hat sich der Vorsitzende zunächst der Stimme zu enthalten (§ 4 Abs. 4 Satz 3 Halbsatz 1 GE). Er nimmt aber im Fall der Nichteinigung an der weiteren Beschlussfassung teil (§ 4 Abs. 4 Satz 3 Halbsatz 2 GE), so dass seine Stimme den Ausschlag über die Aufrechterhaltung der Grundversorgung gibt. Nur wenn die Grundversorgung gewährleistet ist, sind Arbeitskampfmaßnahmen zulässig (§ 4 Abs. 5 GE).

Die Regelung des § 4 GE ist schon deshalb umstritten, weil sie in der Diktion von dem richterrechtlichen Institut des „Notdienstes" abweicht.[93] Dieser weitergehende Gehalt des § 4 GE wird zum Teil als unverhältnismäßig kritisiert und deshalb für verfassungswidrig gehalten: Die Regelung sei nicht erforderlich, da das Richterrecht einen angemessenen Notdienst garantiere.[94] Teilweise wird § 4 GE aber auch – trotz terminologischer Unterschiede – als eine schlichte Normierung der richterrechtlichen Notdienstverpflichtung begriffen und aus diesem Grund als verfassungskonform angesehen[95] bzw. jedenfalls in diesem Sinn verfassungskonform ausgelegt:[96] Die Gewährleistung der Grundversorgung liege in der gemeinsamen Verantwortung der Arbeitskampfparteien. Diese seien wegen ihrer Sachkenntnis am besten in der Lage, die Grundversorgung zu bestimmen und umzusetzen.[97] Darüber hinaus stelle insbesondere das Einigungsstellenverfahren eine angemessene Form der Konfliktlösung dar.[98]

Nach der hier vertretenen Auffassung geht die Regelung des § 4 GE jedoch vollkommen zu Recht über die tradierten Notdienstverpflichtungen hinaus, da diese eine verfassungsrechtliche Unterbilanz aufweisen.[99] Das arbeitsrichterrechtliche Institut des „Notdienstes" reduziert die Grundrechte der Bürgerinnen und Bürger sowie die verfassungsrechtlich gewährleisteten Allgemeinwohlbelange auf eine Kernbereichsgarantie, ohne dass dies durch eine hinlängliche verfassungsrechtliche Begründung abgesichert wäre. Verfassungsrechtlich ist von den Tarifparteien eine angemessene Grundversorgung, nicht aber nur ein „Notdienst" geschuldet. Auf diese Weise reflektiert § 4 Abs. 1 GE mit der Gewährleistung einer Grundversorgung prinzipiell die Verfassungslage. Allerdings schränkt die Regelung dies mit ihrer Gewährleistung einer „elementaren" Grundversorgung wieder ein. Insofern würde der Begriff einer „angemessenen" Grundversorgung die Verfassungsrechtslage besser zum Ausdruck bringen. Auch das Verfahren vor der Einigungs-

93 Vgl. *Berg* (Fn. 70), S. 286; für eine umfassende Kritik auch *Bayreuther*, (Fn. 90), S. 704 ff.

94 Vgl. *Berg* (Fn. 70), S. 286.

95 Vgl. *Greiner* (Fn. 84), S. 534; *Rudkowski* (Fn. 81), S. 475.

96 Vgl. *Greiner* (Fn. 84), S. 534.

97 Vgl. *Rudkowski* (Fn. 81), S. 477.

98 Vgl. *Rudkowski* (Fn. 81), S. 481.

99 Vgl. hierzu und zum Folgenden oben III.2.b.

stelle ist grundsätzlich verfassungskonform. Gewiss käme für die Bestimmung der Grundversorgung rechtspolitisch auch ein anderer Regulierungsansatz in Betracht, der den Befürchtungen der Monopolkommission besser Rechnung trägt, die Tarifparteien könnten Arbeitskämpfe in der Daseinsvorsorge zu Lasten der Bürgerinnen und Bürger sowie des Allgemeinwohls „lösen".[100] Alternativ zum Einigungsstellenverfahren wäre es möglich, eine unabhängige Kommission bei der Bundesnetzagentur anzusiedeln, die über den Umfang der Grundversorgung entscheidet. Dieser Kommission könnten nicht nur Repräsentanten der Sozialpartner, sondern auch des Verbraucherschutzes sowie Persönlichkeiten des öffentlichen Lebens angehören.

5. Urabstimmung

§ 5 GE fordert eine Urabstimmung für den Streik in der Daseinsvorsorge. Eine gewerkschaftliche Arbeitskampfmaßnahme ist nur zulässig, wenn eine doppelte Mehrheit sie legitimiert: Es müssen mehr als 50% der teilnahmeberechtigten Mitglieder der Gewerkschaft an der Urabstimmung teilgenommen und mehr als 50% der abstimmenden Mitglieder der Gewerkschaft der Arbeitskampfmaßnahme zugestimmt haben (§ 5 Abs. 1 Satz 1 GE). Das Ergebnis der Abstimmung ist nicht nur der anderen Arbeitskampfpartei, sondern auch der Öffentlichkeit mitzuteilen (§ 5 Abs. 2 Satz 2 GE). Die Einzelheiten sind in den Gewerkschaftssatzungen zu regeln (§ 5 Abs. 3 Satz 1 GE), wobei auch höhere Quoren festgesetzt werden können (§ 5 Abs. 3 Satz 2 GE). Analoges gilt für Arbeitskampfmaßnahmen der Arbeitgeberseite (§ 5 Abs. 1 Satz 1 GE).

Gegen die Verfassungsmäßigkeit der von § 5 GE vorgesehenen Urabstimmung wird eingewandt, dass sie unverhältnismäßig in die Satzungsautonomie der Tarifparteien eingreife, die durch Art. 9 Abs. 3 Satz 1 GG garantiert werde.[101]

Dem ist jedoch entgegenzuhalten, dass eine Urabstimmung zur Legitimation des Arbeitskampfs in der Daseinsvorsorge verhältnismäßig ist.[102] Ein solcher Legitimationszusammenhang ist in der verfassungsrechtlichen Gewährleistung der Koalitionsfreiheit als einer doppelt gestuften Gegensei-

100 Vgl. oben II.2.b.

101 Vgl. *Berg* (Fn. 70), S. 288; *Rudkowski* (Fn. 81), S. 478 f.

102 Vgl. *Greiner* (Fn. 84), S. 534; *Franzen/Thüsing/Waldhoff* (Fn. 1), S. 119 f. m.w.N.

tigkeitsordnung angelegt:[103] Die Gegenseitigkeit individueller Koalitionsfreiheit legitimiert die kollektive Vereinigungsfreiheit der Koalitionen. Die Gegenseitigkeit der Koalitionen konstituiert die Tarifautonomie als freie Vertragsrechtssetzung hinsichtlich der Arbeits- und Wirtschaftsbedingungen. Dabei legitimiert die Urabstimmung nicht nur den Arbeitskampf nach „innen", sondern insbesondere auch nach „außen".[104] Die Rechtsordnung kann von den Tarifparteien eine formale Legitimation von solchen Arbeitskämpfen verlangen, die zu massiven Beeinträchtigungen der Grundrechte der Bürgerinnen und Bürger sowie von Verfassungsgütern führen.

6. Schlichtung

§ 6 GE sieht ein Schlichtungsverfahren für den Streik in der Daseinsvorsorge vor. Während eines Schlichtungsverfahrens ist ein Arbeitskampf unzulässig (§ 6 Abs. 1 Satz 1 GE). Die Arbeitskampfparteien regeln die Einzelheiten des Schlichtungsverfahrens (§ 6 Abs. 1 Satz 2 GE). Fehlt es an einer entsprechenden Vereinbarung, gelten die Grundsätze über die staatliche Schlichtung (§ 6 Abs. 2 GE): Das staatliche Schlichtungsverfahren kann von jeder Arbeitskampfpartei nach Scheitern der Tarifverhandlungen eingeleitet werden (§ 6 Abs. 3 GE). Es wird von der bei dem Bundesarbeitsministerium gebildeten Bundesschlichtungsstelle durchgeführt (§ 6 Abs. 2 Satz 1 GE) und von einem Bundesschlichter geleitet, der im Einvernehmen mit dem Ausschuss nach § 5 Abs. 1 TVG vom Bundesarbeitsministerium für eine Amtszeit von vier Jahren bestellt wird (§ 6 Abs. 4 Satz 2 GE). Jede Arbeitskampfseite benennt nach Einleitung des Schlichtungsverfahrens innerhalb von drei Tagen einen Beisitzer (§ 6 Abs. 5 GE). Die Bundesschlichtungsstelle wird unverzüglich tätig (§ 6 Abs. 6 Satz 1 GE) und fasst ihre Beschlüsse mit Stimmenmehrheit (§ 6 Abs. 6 Satz 2 GE). Ein Schlichtungsvorschlag ist innerhalb von vier Wochen zu formulieren (§ 6 Abs. 6 Satz 2 GE). Er kann innerhalb von zwei Wochen mit der Folge angenommen werden, dass der Schlichtungsvorschlag dann als zwischen den Arbeitskampfparteien formwirksamer Tarifvertrag gilt (§ 6 Abs. 6 Satz 5 GE). Anderenfalls endet das Schlichtungsverfahren mit dem Ablauf dieser zweiwöchigen Annahmefrist (§ 6 Abs. 6 GE).

---

103 Vgl. hierzu und zum Folgenden *Kersten* (Fn. 45), S. 69 ff.; *ders.* (Fn. 38), S. 73 ff.
104 Vgl. *Franzen/Thüsing/Waldhoff* (Fn. 1), S. 120.

Die in § 6 GE verankerte Schlichtung wird vor allem dahingehend kritisiert, dass sie die Kompromissbereitschaft der Tarifparteien nicht erhöhe, sondern – im Gegenteil – einschränke.[105] Demgegenüber wird die Regelung aber auch verfassungspolitisch wie verfassungsrechtlich positiv eingeschätzt.[106]

In verfassungsrechtlicher Perspektive ist der zuletzt genannten Auffassung zuzustimmen:[107] § 6 GE verstößt nicht gegen Art. 9 Abs. 3 Satz 1 GG, da die Regelung verhältnismäßig ist. Sie schließt den Arbeitskampf in der Daseinsvorsorge keineswegs aus, sondern verlängert für die Dauer des Schlichtungsverfahrens mit Rücksicht auf die betroffenen Grundrechte der Bürgerinnen und Bürger sowie verfassungsrechtlich geschützten Gemeinwohlbelange die Friedenspflicht.[108] Dabei bleiben die Tarifparteien grundsätzlich Herr des Verfahrens. Insbesondere wird ihnen kein bestimmtes Tarifergebnis vorgegeben.

7. Mindestrepräsentation

§ 7 GE regelt den „Streik einer Berufsgruppengewerkschaft".[109] Eine gewerkschaftliche Arbeitskampfmaßnahme ist unzulässig, wenn sie auf den Abschluss eines Tarifvertrags gerichtet ist, der bezogen auf seinen angestrebten räumlichen und betrieblichen Geltungsbereich weniger als 15% der Arbeitsverhältnisse erfassen würde (§ 7 Satz 1 GE). Im Fall eines angestrebten Firmentarifvertrags bezieht sich das Quorum auf das Unternehmen (§ 7 Satz 2 GE).

Die Regelung des § 7 sieht sich massiver Kritik ausgesetzt: Sie benachteilige kleine Berufsgruppengewerkschaften, indem sie diesen das Streikrecht nehme und sei infolgedessen wegen eines Verstoßes gegen Art. 9 Abs. 3 Satz 1 GG verfassungswidrig.[110] Darüber hinaus sei § 7 nicht erforderlich, da gegebenenfalls die übrigen Regelungen des Gesetzesentwurfs

---

105 Vgl. *Berg* (Fn. 70), S. 288 f.

106 Vgl. *Greiner* (Fn. 84), S. 534; *Rudkowski* (Fn. 81), S. 480.

107 Vgl. *Greiner* (Fn. 84), S. 534.

108 Vgl. hierzu und zum Folgenden *Franzen/Thüsing/Waldhoff* (Fn. 1), S. 100 f. m.w.N.

109 *Franzen/Thüsing/Waldhoff* (Fn. 1), S. 136.

110 Vgl. *Berg* (Fn. 70), S. 289; ferner *Bayreuther* (Fn. 90), S. 707: § 7 GE als „Fremdkörper".

genügten, um Grundrechte und Gemeinwohl zu gewährleisten.[111] In diesem Zusammenhang wird auch kritisch darauf hingewiesen, dass durch die strategische Variation der Unternehmensgröße Berufsgruppengewerkschaften gezielt das Streikrecht entzogen werden könne.[112] Teilweise wird eine Lösung mit Hinweis auf den Verhältnismäßigkeitsgrundsatz in der Intensität der Rechtsmäßigkeitskontrolle eines Streiks gesehen: „Nichts spricht dagegen, etwa auch die Zahl der von einem angestrebten Tarifvertrag potenziell erfassten Personen in die Prüfung, ob ein Arbeitskampf verhältnismäßig ist, einzubeziehen. Je weniger Personen vom Tarifvertrag profitieren, je gravierender dabei die Auswirkungen des Streiks, desto schärfer sind die Anforderungen an seine Rechtmäßigkeit. Damit bestünde ein flexibles Mittel, das Streikrecht zu beschränken, ohne es auszuhöhlen."[113]

Doch auch diese verfassungsrechtliche Kritik greift im Ergebnis nicht durch. Es liegt im Gestaltungsermessen des Gesetzgebers, ein Quorum von 15% als Voraussetzung für die Streikfähigkeit einer Gewerkschaft mit Blick auf die Folgen eines Arbeitskampfes in der Daseinsvorsorge für die Grundrechte der Bürgerinnen und Bürger sowie verfassungsrechtlich gesicherte Gemeinwohlbelange festzusetzen.[114] Der Gesetzgeber kann es als unverhältnismäßig bewerten, dass eine kleine Gewerkschaft zur Durchsetzung ihrer Sonderinteressen die Grundrechte Dritter und das Gemeinwohl beeinträchtigt. Zur Begründung kann die Legislative auch an den Repräsentationszusammenhang anknüpfen, der von der Koalitionsfreiheit als einer doppelt gestuften Gegenseitigkeitsordnung konstituiert wird.[115] Auch die Rechtsprechung nimmt auf dieses Repräsentationsverständnis Bezug, wenn sie etwa die Streikmächtigkeit zum Maßstab der Tariffähigkeit erhebt.[116] Insofern geht es der Regelung des § 7 GE gerade nicht um eine (gezielte) Benachteiligung von kleinen Berufsgruppengewerkschaften gegenüber großen Koalitionen. Vielmehr konkretisiert sie vollkommen verfassungskonform

---

111 Vgl. *Berg* (Fn. 70), S. 289.

112 Vgl. *Berg* (Fn. 70), S. 289; *Rieble*, Gute Idee, schlechte Umstände und ein fader Beigeschmack. Gesetzentwurf für weniger Streiks in der Daseinsvorsorge, Legal Tribune online, 23.3.2012 (http://www.lto.de/recht/hintergruende/h/gesetzentwurf-fuer-weniger-streiks-in-der-daseinsvorsorge/ [Abruf: 10.6.2013]).

113 *Rudkowski* (Fn. 81), S. 481.

114 Vgl. hierzu und zum Folgenden *Greiner* (Fn. 84), S. 534; *Franzen/Thüsing/Waldhoff* (Fn. 1), S. 95; *Kersten* (Fn. 38), S. 5.

115 Vgl. oben III.1.; V.5.

116 Vgl. etwa BVerfGE 58, 233 (248 f.); 100, S. 214 (223); *Franzen/Thüsing/Waldhoff* (Fn. 1), S. 97.

das tarifpolitische Repräsentationsprinzip. Darüber hinaus werden auch nicht-repräsentativen Gewerkschaften keineswegs alle Rechte, sondern „nur" das Recht genommen, im Hinblick auf spezifische, das heißt nicht-repräsentative Sonderinteressen einen unverhältnismäßigen Arbeitskampf zu führen.[117] Des Weiteren besteht im Fall von nicht-repräsentativen Gewerkschaften rein praktisch das Problem, eine effektive Grundversorgung zu gewährleisten.[118] Auch kann verfassungsrechtlich nicht gegen § 7 GE angeführt werden, dass sich über strategische Unternehmensvergrößerungen das Streikrecht aushebeln lässt, solange diese Unternehmensvergrößerungen im Rahmen der gesetzlichen Vorgaben erfolgen. § 7 GE ist auch nicht deshalb unverhältnismäßig, weil die übrigen Regelungen des Gesetzentwurfs bereits eine angemessene Sicherung der streikbetroffenen Grundrechte und Gemeinwohlbelange gewährleisten. Denn die Schutzrichtung der Regelung ist eine andere. Sie schließt den nicht-repräsentativen als einen unverhältnismäßigen Streik aus. Schließlich kann aus verfassungsrechtlicher Perspektive nicht dem Vorschlag gefolgt werden, dass die gerichtliche Kontrolle der Rechtmäßigkeit des Streiks von der Repräsentativität der Streikenden bestimmt werden sollte. Jeder Arbeitskampf muss rechtmäßig geführt werden und die richterliche Kontrolldichte kann aufgrund des Rechtsstaatsgebots (Art. 20 Abs. 3 GG) nicht davon abhängen, wie repräsentativ der Streik ist.

VI. Fazit

Wie steht es – so bleibt abschließend zu fragen – um die Realisierungschancen einer gesetzlichen Regulierung des Arbeitskampfs in der Daseinsvorsorge? Sollte der Beamtenstreik Realität werden und infolgedessen die Institution des Berufsbeamtentums kollabieren,[119] wäre eine rechtliche Regelung des Streiks in der Daseinsvorsorge wohl unausweichlich. Ansonsten sind – ungeachtet der Wesentlichkeitstheorie[120] – die politischen Realisierungschancen einer gesetzlichen Regelung des Streiks in der Daseinsvorsorge eher zurückhaltend zu bewerten:[121] Das Versprechen der Politik, den

---

117 Vgl. *Franzen/Thüsing/Waldhoff* (Fn. 1), S. 96 f.

118 Vgl. *Franzen/Thüsing/Waldhoff* (Fn. 1), S. 95.

119 Vgl. oben II.2.c.

120 Vgl. oben IV.

121 Vgl. hierzu und zum Folgenden *Kersten* (Fn. 38), S. 64 f.

Arbeitskampf in der Daseinsvorsorge gesetzlich zu regeln, wird bei jedem Infrastrukturstreik medienwirksam so reflexhaft wiederholt, wie nach jedem Streikende automatisch wieder vergessen.[122] Die Arbeitsgerichtsbarkeit hat in der Tagespresse vehement vor einer gesetzlichen Regelung der Tarifeinheit gewarnt,[123] so dass man darüber spekulieren kann, wie es um die richterliche Zurückhaltung im Hinblick auf die rechtspolitische Bewertung einer gesetzlichen Regelung des Streiks in der Daseinsvorsorge bestellt wäre. Die Arbeitgeber halten jede Änderung des Streikrechts in der Bundesrepublik für „realitätsfern",[124] die Arbeitnehmerseite Gesetzesvorschläge – wie etwa den Entwurf von Martin Franzen, Gregor Thüsing und Christian Waldhoff[125] – für „völlig abwegig".[126] Darüber hinaus wird ganz offen angekündigt, dass eine detaillierte gesetzliche Regelung des Streikrechts „von der sich weiter entwickelnden Arbeitskampfpraxis der Koalitionen mit Sicherheit in kürzester Zeit überholt (bzw. von den Akteuren umgangen) werden."[127] Hinter diesem übergesetzlichen Selbstverständnis stehen letztlich strategische Kalküle von Tarifparteien, die um eine Beschneidung ihrer Macht über Daseinsvorsorge und Infrastrukturen fürchten und denen bewusst ist: Arbeitskämpfe in der Daseinsvorsorge lassen sich heute vor allem medial führen und gewinnen.[128]

So kann man sich – bei aller gebotenen Zurückhaltung – vorstellen, dass Ernst Forsthoff über diese letztlich medial vermittelte, krypto-plebiszitäre Entscheidung von Arbeitskämpfen in der Daseinsvorsorge gelächelt hätte – jenes ironisch distanzierte Lächeln, mit dem sich die konservativen Skeptiker seiner Generation – nach den eigenen nationalsozialistischen Exzessen[129] – so gerne an den Strukturkonflikten pluralistischer Gesellschaften politisch delektierten.

---

122 Vgl. FAZ, Nr. 164, 19.7.2010, S. 11; Nr. 52, 1.3.2012, S. 9; Nr. 68, 20.3.2012, S. 11; zum Versprechen, die Tarifeinheit nach der Bundestagswahl 2013 zu regeln FAZ, Nr. 139. 19.6.2013, S. 10.

123 Vgl. *Schmidt*, „Ein Gesetz zur Tarifeinheit in dieser Atmosphäre kann nicht gutgehen", FAZ, Nr. 164, 19.7.2010, S. 13; hierzu FAZ, Nr. 164, 19.7.2010, S. 11.

124 *Hundt*, „Das Streikrecht zu ändern ist realitätsfern", FAZ, Nr. 52, 1.3.2012, S. 11.

125 Vgl. oben V.

126 Vgl. zu diesem Zitat eines Sprechers des Bundesvorstands der Dienstleistungsgewerkschaft ver.di FAZ, Nr. 68, 20.3.2012, S. 11.

127 *Berg* (Fn. 70), S. 290.

128 Vgl. kritisch *Meik*, Vorwort, in: *Franzen/Thüsing/Waldhoff* (Fn. 1), S. IX (XI, XIII).

129 Vgl. *Kersten* (Fn. 2), S. 547 ff.; *Meinel* (Fn. 2), S. 70 ff.

Fällt das Streikverbot im Beamtenverhältnis? Aktuelle Entwicklungen und Perspektiven zwischen der Rechtsprechung des EGMR und der deutschen Gerichte

Hans Hofmann

I. Einleitung: Kein Streikrecht für Beamte

> „Mal schnell bei Rot über die Fußgängerampel huschen, im Dunkeln ohne Licht und obendrein auf dem Bürgersteig radeln? Wer dabei von der Polizei in Bremen erwischt wird, hat dieser Tage gute Chancen, statt Knöllchen eine freundliche Ermahnung zu bekommen. Denn die Polizisten der Hansestadt haben den "Bürgerfreundlichen Sommer" ausgerufen: Sie kassieren kein Geld mehr und drücken ganz bewusst zwei Augen zu. Damit protestieren die Beamten gegen den Umgang des Bremer Senats mit dem Tarifabschluss der Länder. Dieser sieht eigentlich eine Lohnerhöhung um 5,6 Prozent vor. Zahlreiche Beamte in Bremen könnten allerdings trotzdem leer ausgehen: Geplant ist unter anderem, dass das Gehalt vieler Polizisten erst später, nur sehr geringfügig oder gar nicht erhöht wird."[1]

Diese Meldung – es handelt sich um eine Nachricht des WDR – war so wie hier oder ähnlich am letzten Montag in der Tagespresse nachzulesen. Ohne das Verhalten der Bremer Polizisten disziplinarrechtlich bewerten zu wollen – sie berufen sich auf den Ihnen zustehenden Verwaltungsrundsatz des „Ermessensspielraums" -, illustriert die Meldung sehr eindrücklich, wie aktuell das Thema dieser Tagung ist und welche instrumentelle Kreativität auch Beamten in der Welt der arbeitskampfpolitischen Maßnahmen und der Koalitionsfreiheit zur Verfügung steht.

„Beamte dürfen nicht streiken" – dieser Grundsatz prägt unser Bild vom Beamten ganz wesentlich. Würde man in der Öffentlichkeit fragen, was Beamte ausmacht, bin ich überzeugt, das Streikverbot stünde – neben den üblichen Klischees – weit oben.

Aber woraus resultiert, dass Beamte nicht streiken dürfen? Das Streikverbot für Beamte ist vor über 90 Jahren anlässlich eines Streiks der Eisenbahnbeamten in einer Notverordnung des Reichspräsidenten, erstmals – und

---

1 HTTP://WWW1.WDR.DE/THEMEN/POLITIK/BUERGERFREUNDLICHEPOLIZEI100.HTML (24.6.2013).

einmalig – ausdrücklich festgehalten worden. Die Notverordnung war nur acht Tage in Kraft, das Streikverbot bestand und besteht ungeschrieben fort. Seither ist das Streikverbot immer wieder in Frage gestellt worden. Die Diskussion hat mit den Entscheidungen des Europäischen Gerichtshofs für Menschenrechte zum Streikverbot in der Türkei aus den Jahren 2008 und 2009 erheblich Fahrt aufgenommen: In Folge der Entscheidungen haben nicht nur Gewerkschaften und betroffene Beamte – namentlich beamtete Lehrer – sondern auch die Verwaltungsgerichte das Streikverbot hinterfragt. Mittlerweile liegt die Frage zur Entscheidung in Karlsruhe.

Zugleich gibt die Ankündigung der großen Mehrheit der Länder, Tarifabschlüsse nicht zeit- und inhaltsgleich auf ihre Beamten zu übertragen, der Diskussion um das Streikrecht – wie eingangs erwähnt – weiteren Aufwind.

Beide Entwicklungen – die rechtlichen wie die tatsächlichen – sind Gründe genug, dass wir uns mit dem Streikverbot wieder intensiver auseinandersetzen und es überzeugend nach außen begründen.

II. Streikverbot und Treuepflicht als hergebrachte Grundsätze des Berufsbeamtentums

Nach bislang ständiger Rechtsprechung des Bundesverfassungsgerichts[2] ist das Streikverbot für Beamte ein hergebrachter Grundsatz des Berufsbeamtentums. Streiks sind daher verfassungsrechtlich unzulässig. Zwar genießt der Beamte als Bürger den Schutz der Grundrechte, dies gilt auch für die Koalitionsfreiheit nach Artikel 9 Absatz 3 Grundgesetz. Unbestritten dürfen Beamte sich gewerkschaftlich betätigen.

Der Beamte ist aber nicht nur Bürger, sondern auch „Diener des Staates" mit besonderen Rechten und Pflichten. Diese finden in den hergebrachten Grundsätzen des Berufsbeamtentums ihren Ausdruck, die ihrerseits ebenfalls Verfassungsrang genießen (Artikel 33 Absatz 5 GG).

Konservieren diese Grundsätze das Überkommene und versperren sie die Anpassung – die „Fortentwicklung" wie es wörtlich heißt – an unser heutiges Rechtsstaatsverständnis? Nein: Die hergebrachten Grundsätze des Berufsbeamtentums – der Kernbestand von Strukturprinzipien – übernehmen die tradierten und für die Funktion wesentlichen Prinzipien des Berufsbeamtentums. Die Mütter und Väter des Grundgesetzes sahen im Berufsbeam-

2 So z.B. BVerfGE 44, 249 (264).

tentum ein Instrument, um den Rechtsstaat und die Gesetzmäßigkeit der Verwaltung zu sichern. Hierfür erschien ihnen ein auf Sachwissen gegründeter, unabhängiger Beamtenapparat unerlässlich.[3]

Die Entwicklung des Beamtentums ist eng mit der des Rechtsstaates verbunden. Ursprünglich lediglich „Fürstendiener" wandelte sich der Beamte unter dem Einfluss der Französischen Revolution und der napoleonischen Fremdherrschaft zum „Diener des Staates". Er war nicht mehr allein dem Fürsten, sondern dem Staat und dem Allgemeinwohl verpflichtet.

Um diese Funktion des Beamtentums zu sichern, war das Beamtentum bereits früh (19. und Beginn des 20. Jahrhundert) durch besondere Rechte und Pflichten geprägt und gesichert. Denn das Beamtentum konnte und kann die ihm zufallende Funktion, eine stabile Verwaltung zu sichern und damit ausgleichend gegenüber den politischen Kräften zu wirken, nur erfüllen, wenn es rechtlich und wirtschaftlich gesichert ist.[4] Die Treuepflicht des Beamten, die Anstellung auf Lebenszeit und das Alimentationsprinzip haben hier ihre Wurzeln. Letztere bieten dem Beamten die hinreichende persönliche Unabhängigkeit und stehen in einem synallagmatischen Verhältnis zur Treuepflicht: Sie sind zwei Seiten einer Medaille.

Das Streikverbot ist Teil der umfassenden Treuepflicht des Beamten. Die Treuepflicht verpflichtet den Beamten auf das Allgemeinwohl. Er soll sein Amt uneigennützig führen und bei der Erfüllung der ihm anvertrauten Aufgaben seine eigenen Interessen zurückstellen. Er hat sich dementsprechend mit vollem persönlichem Einsatz seinem Beruf zu widmen. Hierfür gab es bis vor einigen Jahren die etwas antiquierte, aber doch anschauliche Formulierung der „vollen Hingabe an den Beruf". Mit dieser Treuepflicht ist es nicht vereinbar, beamtenrechtliche Interessen mit wirtschaftlichen Kampf- und Druckmitteln wie dem Streikrecht durchzusetzen. Sie sind deshalb dem Beamten verwehrt.

Zwischen Dienstherrn und Beamten geht es – wie es das OVG Münster in seinem Urteil vom 7. März 2012 formuliert – „um ein öffentlich-rechtlich verbürgtes gegenseitiges Geben und Nehmen". Ein Streikrecht für Beamte würde diese Symmetrie von Rechten und Pflichten zerstören.

---

3 OVG Münster vom 7.3.2012 – 3d A 317/11.0.

4 BVerfGE 7, 155 (162 f.).

III. Aktuelle Diskussion

1. Rechtsprechung des EGMR ist Auslöser der neuen Debatte

Die Rechtslage zum Streikverbot für Beamte schien lange Zeit geklärt. Zwei Entscheidungen des Europäischen Gerichtshofes für Menschenrechte gegen die Türkei haben die Debatte erneut angefacht.

Zunächst hat die Große Kammer des Gerichtshofs in ihrer Entscheidung vom 12. November 2008 ihre bisherige Rechtsprechung einer Revision unterzogen und anerkannt, dass Kollektivverhandlungen zum Kernbereich von Artikel 11 der Menschenrechtskonvention gehören, wonach „jede Person (…) das Recht (hat), sich frei und friedlich mit anderen zu versammeln und sich frei mit anderen zusammenzuschließen; dazu gehört auch das Recht, zum Schutz seiner Interessen Gewerkschaften zu gründen und Gewerkschaften beizutreten".

Darüber hinaus hat die Große Kammer entschieden, dass die unter die Ausnahmebestimmung fallenden „Angehörigen der Staatsverwaltung" („fonctionaire public") grundsätzlich – vorbehaltlich rechtmäßiger Einschränkungen – dieselben Rechte wie alle anderen Arbeitnehmer haben müssen. Zur Auslegung der Menschenrechtskonvention hat Große Kammer auf andere Quellen des internationalen Rechts, unter anderem auf die Konventionen der Internationalen Arbeitsorganisation[5] zurückgegriffen.

Diesem Ansatz folgend hat der Gerichtshof einige Monate später in einem weiteren Urteil gegen die Türkei anerkannt, dass auch das Streikrecht von Artikel 11 der Konvention geschützt ist. In seiner Entscheidung vom 21. April 2009[6] stellt der Gerichtshof fest, dass jedenfalls ein generelles Streikverbot durch die Schrankenklausel in Artikel 11 Absatz 2 der Konvention nicht gerechtfertigt ist:

> „Das Streikrecht ist nicht absolut. Es kann von Voraussetzungen abhängig gemacht und beschränkt werden. So kann es mit der Gewerkschaftsfreiheit vereinbar sein, Streiks von Angehörigen des öffentlichen Dienstes zu verbieten, die im Namen des Staates Hoheitsgewalt ausüben. Ein Streikverbot kann also bestimmte Gruppen von Angehörigen des öffentlichen Dienstes treffen, aber nicht insgesamt für den öffentlichen Dienst ausgesprochen werden (…) und auch nicht für Angestellte von Wirtschafts- oder Industrieunternehmen des Staates. Vorschriften über das Streikrecht müssen so eindeutig und begrenzt wie

---

5 Nrn. 87 (Vereinigungsfreiheit und Schutz des Vereinigungsrechtes) und 98 (Vereinigungsrecht und Recht zu Kollektivverhandlungen.).

6 EGMR vom 21.4.2009 – 68959/01 (Enerji Yapi-Yol Sen v. Türkei).

möglich die Gruppen der betroffenen Angestellten des öffentlichen Dienstes bestimmen."[7]

In weiteren Urteilen wurden verschiedene Disziplinarmaßnahmen, die im Zusammenhang mit der Teilnahme an Streiks – auch von Lehrkräften – auferlegt wurden, für konventionswidrig erklärt.[8]

2. Rechtsprechung der Verwaltungsgerichte

Die beiden Entscheidungen des Gerichtshofs betrafen den türkischen Staat, blieben aber auch in Deutschland nicht ohne Folgen: Zwar gilt die Rechtskraft nach der Konvention nur zwischen den Parteien und nur für den konkreten Fall. Es gibt keine völkerrechtliche Verpflichtung, dass gegen ein anderes Land ergangene Urteil des Europäischen Gerichtshofs für Menschenrechte unmittelbar auf Deutschland zu übertragen.[9]

Dennoch hatten sich die deutschen Gerichte mit der Frage auseinanderzusetzen, welche Auswirkungen die Rechtsprechung des Gerichtshofs auf das Streikverbot für Beamte in Deutschland hat.

Dies insbesondere auch wegen des Umstandes, dass im Falle einer Kollision zwischen Konventionsrecht und deutscher Rechtslage das BVerfG einer konventionsfreundlichen Auslegung des einfachen deutschen Rechts das Wort redet. Dabei ergab sich zunächst ein breites Spektrum an Lösungen: Das Verwaltungsgericht Düsseldorf[10] sah in dem Streik einer beamteten Lehrerin zwar ein Dienstvergehen, hielt eine Disziplinarverfügung aber wegen Verstoßes gegen die Konvention für unzulässig. Das VG Kassel[11] ging noch einen Schritt weiter und billigte der Klägerin – wiederum eine beamtete Lehrerin – ein Streikrecht aus Artikel 9 Absatz 3 Grundgesetz zu und begründete dies damit, dass die Klägerin nicht hoheitlich tätig sei. Demgegenüber bestätigte das VG Osnabrück[12] das Streikverbot erstinstanzlich.

---

7 EGMR vom 21.4.2009 – 68959/01 (Enerji Yapi-Yol Sen v. Türkei), übersetzt und bearbeitet von Dr. Jens Meyer-Ladewig und Prof. Dr. Herbert Petzold, NZA 2010, 1423, 1424 f..

8 EGMR vom 27.3.2007 – 6615/03 (Karacay v. Türkei),; EGMR vom 13.7.2010 – 33322/07 (Cerikci v. Türkei); EGMR vom 19.9.2009 30946/04 (Kaya und Seyhan v. Türkei).

9 OVG Münster NVwZ 2012, 890.

10 VG Düsseldorf AuR 2011, 74.

11 VG Kassel vom 27.7.2011 – 28 K 574/10.KS.D.

12 VG Osnabrück vom 19. August 2011 – 9 A 2/11 – juris.

Mittlerweile liegen zwei obergerichtliche Entscheidungen vor. Die Urteile des OVG Münster[13] und des OVG Lüneburg[14] aus dem Jahr 2012 kommen beide zum Ergebnis, dass ein Streikrecht für Beamtinnen und Beamte nicht besteht. Beide Urteile sind rechtskräftig.

3. Gutachten und Expertisen von Di Fabio und Battis

Ein vom Deutschen Beamtenbund beauftragtes Gutachten von *Di Fabio* sieht das Streikverbot als konstitutiven Bestandteil rechtsstaatlicher Demokratie. „Die Eröffnung eines Streikrechts für Beamte", so *Di Fabio*, „käme einer Auflösung des ausgewogenen Strukturprinzips von Rechten und Pflichten gleich." Nach *Di Fabio* läuft die Interpretation der Europäischen Menschenrechtskonvention durch den Gerichtshof darauf hinaus, dass zwischen „Kernbereichsbeamten" mit explizit hoheitlichen Aufgaben und „Randbereichsbeamten" zu unterscheiden wäre. Das widerspricht wiederum dem Grundgesetz, das den Einsatz von Beamten auch außerhalb der Kernbereichs der hoheitlichen Aufgaben als dienlich für die bessere Verwirklichung demokratischer sozial- und rechtsstaatlicher Grundsätze erachtet. Auch die monographische Fachexpertise von *Battis* teilt die Rechtsauffassung, wonach das Streikverbot zum Kernbereich des beamtenrechtliches Status nach dem Grundgesetz gehört.

IV. Verfassungsbeschwerden

Bemerkenswert ist, dass sich auch die Interessenvertretungen der Beamten in der Frage des Streikrechts nicht einig sind. Während der Deutsche Beamtenbund die Anerkennung des Streikrechts für bestimmte Beamtengruppen für verfassungswidrig hält und – dem Gutachen von *Di Fabio* folgend – „ein Beamtenrecht zweiter Klasse"[15] ablehnt, vertreten der DGB[16] und die

---

13 OVG Münster NVwZ 2012, 890.

14 OVG Lüneburg vom 12.6.2012 – 20 BD 7/11 – juris.

15 HTTP://WWW.DBB.DE/THEMEN/BEAMTE/BEAMTE-UND-STREIK.HTML (24.6.2013).

16 HTTP://WWW.DGB.DE/THEMEN/++CO++BEBC582C-6927-11E1-7E5F-0018 8B4DC422/@@INDEX.HTML (24.6.2013).

Mitgliedsgewerkschaft GEW[17] (Gewerkschaft für Erziehung und Wissenschaft) die gegensätzliche Position. Unter Berufung auf die Rechtsprechung des Europäischen Gerichtshofs für Menschenrechte sehen sie das Streikrecht für Beamte als verfassungsrechtlich verbürgt an.[18]

Insofern ist es folgerichtig, dass die GEW gegen die obergerichtliche Entscheidung des OVG Lüneburg im letzten Jahr Beschwerde beim Bundesverfassungsgericht eingelegt hat. Dabei stützt sich die GEW im Wesentlichen auf zwei Argumente:

Erstens: Die Tätigkeit von Lehrkräften unterliege nicht dem Funktionsvorbehalt des Artikel 33 Absatz 4 Grundgesetz, weil die Ausübung hoheitlicher Befugnisse für die Tätigkeit von Lehrkräften nicht prägend sei. Damit schlössen auch die hergebrachten Grundsätze des Berufsbeamtentums im Sinne von Artikel 33 Absatz 5 Grundgesetz ein Streikrecht beamteter Lehrkräfte nicht aus. Beamteten Lehrkräften stünde mithin das Streikrecht als essentieller Teil der in Artikel 9 Absatz 3 Grundgesetz garantierten Koalitionsfreiheit zu. Auch eine zusätzliche Abwägung zwischen der Treuepflicht, der Verpflichtung auf das Gemeinwohl und dem Alimentationsprinzip einerseits und dem Grundrecht aus Artikel 9 Absatz 3 Grundgesetz andererseits führe zu keinem anderen Ergebnis: So könnten etwa die Belange, die durch die hergebrachten Grundsätze geschützt werden sollen, durch entsprechende Formen des Streikrechts, die die Besonderheiten des Schulwesens berücksichtigen, gewahrt werden.

Zweitens: Die Bundesrepublik Deutschland sei völkerrechtlich zur Respektierung des Streikrechts als allgemeinem Menschenrecht verpflichtet. Die einschlägigen Normen der UNO, der Internationalen Arbeitsorganisation, der Europäischen Sozialcharta und vor allem der Europäischen Menschenrechtskonvention würden bei einem Festhalten an einem umfassenden Streikrecht für Beamte verletzt. Einschränkungen des Streikrechts für Beamte würden nur bezogen auf die jeweils ausgeübte Funktion in der Staatsverwaltung völkerrechtskonform sein. Auch werde die nationale Verfassungsidentität durch ein funktional differenziertes Streikrecht nicht beeinträchtigt.

Wird die Verfassungsbeschwerde nicht zur Entscheidung angenommen, hat die GEW bereits angekündigt, den Weg nach Straßburg zu beschreiten.

---

17 HTTP://WWW.GEW.DE/BEAMTENSTREIK_JURISTEN_UNEINIG_GEW_ENTSCHLOSSEN.HTML (24.6.2013).

18 HTTP://WWW.DGB.DE/THEMEN/++CO++BEBC582C-6927-11E1-7E5F-00188B4DC422/@@INDEX.HTML (24.6.2013).

V. Die Haltung des Bundes

1. Das geltende Verfassungsrecht ist ausreichend

Die Haltung des Bundes ist eindeutig: Beamtinnen und Beamte in Bund und Ländern haben kein Streikrecht; das hat das Bundesverfassungsgericht bislang in ständiger Rechtsprechung bestätigt.[19] Die Verfassung räumt der Erfüllung öffentlicher Aufgaben im Dienst am ganzen Volk Vorrang ein vor der Verfolgung sowohl eigener als auch fremder Gruppeninteressen.

Auch die Rechtsprechung des Gerichtshofs in Straßburg zum Streikrecht für Beamte gibt (vorerst) keinen Anlass, die Situation in Deutschland anders zu bewerten. Die Europäische Menschenrechtskonvention steht in Deutschland als völkerrechtlicher Vertrag formal im Rang unter dem Grundgesetz auf der Ebene des einfachen Bundesrechts. Die Entscheidungen des Gerichtshofs sind daher grundsätzlich Anlass, die Ausstrahlung auf die eigene nationale Rechtsordnung zu prüfen. Weitgehend unbestritten ist, dass sich die Entscheidungen des EGMR zum Streikrecht nicht unmittelbar und 1:1 auf Deutschland übertragen lassen. Dafür gibt es mehrere Gründe:

Erstens: Den Entscheidungen lag ein Sachverhalt zugrunde, der mit der Situation in Deutschland nicht vergleichbar ist. Das türkische Streikverbot richtete sich generell an alle Angehörigen des öffentlichen Dienstes. In Deutschland gibt es ein solches generelles Streikverbot nicht. Wir haben in Deutschland in Bund und Ländern insgesamt rund 4,6 Mio. Angehörige des öffentlichen Dienstes, davon ca. 1,9 Millionen Beamte, Richter und Soldaten und 2,7 Millionen Tarifbeschäftigte. Den Tarifbeschäftigten – sie machen den weitaus größten Teil des öffentlichen Dienstes in Deutschland aus – steht das Streikrecht zu. Zudem räumt der EGMR ein, dass das Streikrecht nicht absolut ist und dass ein Streikverbot bestimmte Gruppen von Angehörigen des öffentlichen Dienstes treffen kann, die im Namen des Staates Hoheitsgewalt ausüben.

Zweitens: Auch eine völkerrechtsfreundliche Auslegung des Beamtenrechts kann sich nicht über die im Grundgesetz verankerten hergebrachten Grundsätze des Berufsbeamtentums hinwegsetzen. Die Möglichkeiten einer konventionsfreundlichen Auslegung enden dort, wo die verfassungsrechtlichen Strukturprinzipien – wie hier – in Frage gestellt werden.

---

19 Z.B. BVerfGE 44, 249 (264).

Spielräume bei der Auslegung der Konvention ergeben sich meines Erachtens aber aus der «Margin-of-Appreciation-Doktrin» des Gerichtshofs, die den nationalen Stellen aus Rücksicht auf die deutlich ausgeprägten kulturellen und sozialen Unterschiede in Europa einen Ermessens- oder Beurteilungsspielraum („margin of appreciation") einräumt. Die Minister der 47 Mitgliederstaaten des Europarates haben im April 2012 in der Erklärung von Brighton diesen Grundsatz nochmals gestärkt; er soll in die Präambel der Europäischen Menschenrechtskonvention aufgenommen werden.

Was heißt das für das deutsche Berufsbeamtentum? Von außen besehen mag das deutsche Berufsbeamtentum ein kompliziertes Konstrukt sein und der Gedanke des Dienst- und Treueverhältnisses mittelalterlich überkommen anmuten. Das deutsche Berufsbeamtentum in seiner heutigen Form ist aber auch eine Lehre aus der deutschen Geschichte. Der besondere Status, die Unabhängigkeit, die durch die Alimentation abgesichert ist, aber eben auch die Treuepflicht in all ihren Spielarten sind Antworten des deutschen Verfassungsgebers auf die Erfahrungen der Weimarer Zeit und dem Dritten Reich. Das Beamtentum hat vor dem Hintergrund der leidvollen deutschen Geschichte eine ganz besondere Funktion: es soll Demokratie und Rechtsstaatlichkeit sichern.

2. Das Streikrecht für Beamte geht ins Leere

Ein Streik ergibt nur einen Sinn, wenn das Erkämpfte auch umgesetzt werden kann.

Es ist allerdings auch ein hergebrachter Grundsatz des Berufsbeamtentums, dass insbesondere die angemessene Alimentierung nicht zwischen den Beamten und dem Dienstherrn verhandelt und erstritten, sondern einseitig durch den Gesetzgeber festgelegt wird.[20] Beamtinnen und Beamte stehen nach dem BVerwG wegen der gesetzlichen Regelung ihrer Rechte und Pflichten „von vornherein außerhalb des auf jeweils solidarische Vertretung von Gruppeninteressen von Arbeitnehmern einerseits und Arbeitgebern andererseits angelegten Systems von Tarifvertrag und Arbeitskampf".[21]

Ein Streikrecht für Beamte läuft daher – will man den Gesetzgeber nicht nötigen – ins Leere. Oder will man den Gesetzgeber – den Deutschen Bun-

---

20 BVerfGE 44, 249 (264).
21 BVerwGE 69, 208 (213).

destag und nicht zu vergessen den Bundesrat – in Verhandlungen mit Gewerkschaftsorganisationen ziehen, in denen dann also der Gesetzgeber zum Streikgegner würde? Wären dies dann Verhandlungen auf Augenhöhe, die Gewerkschaften anstreben sollten. Und soll auf der anderen Seite der Gesetzgeber die Ergebnisse solcher Verhandlungen nur noch als „Staatsnotar“ in Gesetzesform gießen können, ohne Änderungen im Ausschussverfahren, durch den Bundesrat, im Vermittlungsverfahren? Entweder fehlt es den Promotoren dieser „Streikrechtsbewegung“ an der Fähigkeit oder der Bereitschaf, die Konsequenz solcher Forderungen zu Ende zu denken, oder man will schlicht das Prinzip der Besoldungsbestimmung durch Gesetz konterkarieren. Dieser „Vorbehalt des Gesetzes“ ist allerdings ein Kernstrukturprinzip des deutschen Beamtenrechts.

Eine weitere Frage wäre, wie die Besoldungsbestimmung dann etwa auf kommunaler Ebene erfolgen soll, wo bekanntlich der beamtenrechtliche Dienstherr nicht der Besoldungsgesetzgeber ist. Wie verhalten sich die Unterstützer der „Streikrechtsbewegung“ zur Bedingung der Arbeitskampfparität, der Waffengleichheit im Arbeitskampf? Bekanntlich ist Besoldung eben nicht Lohn, Vergütung oder Entgelt, sondern lebenslange Alimentation; d.h. unbegrenzte Fortzahlung der Bezüge im Krankheitsfall (anders als bei Tarifbeschäftigten) sowie auch im Streikfall. Das Risiko eines Arbeitskampfes ist keineswegs paritätisch verteilt, da Beamte keinen Ausfall der Bezüge zu befürchten hätten. Damit wäre nicht nur der Dienstherr einem Streik weit wehrloser ausgesetzt, als dies bisher gewohnt ansonsten der Fall ist, nebenbei hätte die Streikenden“ Beamten dadurch auch eine weit stärkere Verhandlungs- und Durchsetzungskraft als etwa ihre nebenan streikenden tarifbeschäftigten Kollegen und könnten ein weit besseres Ergebnis erzielen ….. Man fragt sich, ob hier die grundlegenden Dinge oder Konsequenzen überhaupt zu Ende gedacht worden sind.

VI. Das Streikrecht für Beamte stellt das Berufsbeamtentum in Gänze in Frage

Und schließlich, das ist meine Überzeugung: Wer das Streikrecht für Beamte will, und sei es nur in Teilbereichen, der stellt das gesamte Berufsbeamtentum auf den Prüfstand und letztlich zur Disposition. Für uns ist daher auch eine Teilung des Beamtenstatus keine realistische Option.

Aber denken wir diese Möglichkeit dennoch einmal weiter: Für den „Kernbereich staatlicher Hoheitsgewalt“, für Streitkräfte, Polizei und Richter beispielsweise, besteht das Streikverbot fort, während alle anderen Angehörigen des öffentlichen Dienstes, gleich ob Beamte oder Angestellte, streiken dürfen.

Zumindest für diese mit einem Streikrecht ausgestatteten Beamten – *Di Fabio* nennt sie „Randbereichsbeamte" – dürfte gesellschaftlich ein Legitimationsproblem entstehen. Herr Minister Dr. Friedrich hat diesen Aspekt auf der dbb Jahrestagung in Köln treffend auf den Punkt gebracht:

> „Der Sonderstatus eines Beamten, seine Lebenszeitanstellung, seine Alimentation ist für mich logisch und untrennbar verknüpft mit der versprochenen Gegenleistung: Dem Versprechen des Beamten, die politisch gewollten Ziele gesetzestreu umzusetzen und für seine Arbeitsbedingungen nicht zu streiken. Das kann man nicht in Einzelteile zerlegen und beim Zusammenbau einzelnes weglassen. Das ist wie bei Molekülen: Wenn ich aus dem Wasser den Sauerstoff herauslöse, habe ich nur noch Wasserstoffatome, aber kein Wasser mehr – eben etwas anderes."

Oder anders gefragt: Was bleibt vom Beamtentum übrig, wenn wir ein Streikrecht zulassen? Der „Randbereichsbeamte" ist vom Angestellten nicht mehr zu unterscheiden und daher überflüssig. Der Beamtenstatus ist – selbst in Randbereichen – ohne Streikverbot nicht denkbar. Wir als Bundesinnenministerium sehen es als unsere Aufgabe, das Berufsbeamtentum in diesem Sinne zu sichern, zu erhalten und fortzuentwickeln. Wir sehen es nicht als unsere Aufgabe, das Berufsbeamtentum zu degenerieren.

Tarifeinheit und Tarifpluralität – Auswirkungen auf den Arbeitskampf

Frank Bayreuther

I. Einleitung

Naturgemäß wird die Diskussion um den Grundsatz der Tarifeinheit, dessen Aufgabe bzw. einer etwaigen Wiedereinführung durch Gesetz in erster Linie auf verfassungsrechtlicher Ebene geführt. Denn die zentrale Frage ist natürlich, ob die Tarifeinheit mit dem Koalitionsgrundrecht des Art. 9 Abs. 3 GG vereinbar ist. Dort zeigt sich die Auseinandersetzung zuweilen etwas abstrakt und ohne eingehenden Bezug zu den arbeitsrechtlichen „Tatsachenfragen". So bleibt immer ein wenig außen vor, was der Grundsatz der Tarifeinheit im Arbeitsrecht eigentlich genau bewirkt und damit, ob er überhaupt geeignet wäre, die Probleme in den Griff zu bekommen, die die Verfechter der Tarifeinheit hinter Gewerkschaftspluralitäten vermuten. Umso angenehmer ist es daher, dass das heutige, betont disziplinübergreifend angelegte Symposium die Gelegenheit zu einem Zusammentreffen von Verfassungs- und Arbeitsrecht bietet. Entsprechend möchte ich den Schwerpunkt dieses Vortrags vor allem auf die arbeitsrechtlichen bzw. „betriebspraktischen" Fragen von Gewerkschafts- und Tarifpluralitäten legen. Dagegen möchte ich verfassungsrechtliche Überlegungen nicht in den Vordergrund stellen, sondern auf diese nur mittelbar eingehen, um zu zeigen, inwieweit sich einzelne Bewertungsparameter verschieben könnten, wenn man die einzelnen Argumente, die in der verfassungsrechtlichen Diskussion immer wieder fallen, auf ihre Belastbarkeit in der betrieblichen Praxis hinterfragt.

II. „Einfache" arbeitskampfrechtliche Fragen nach Aufgabe des Grundsatzes der Tarifeinheit

1. Streikteilnahme andersorganisierter Arbeitnehmer, wiederholte Streikteilnahme nichtorganisierter Arbeitnehmer

Nach herkömmlicher Auffassung dürfen sich an einem (rechtmäßigen) Streik sämtliche Arbeitnehmer beteiligen, die von der kampfführenden Gewerkschaft zur Arbeitsniederlegung aufgerufen sind und zwar unabhängig davon, ob sie dieser angehören oder nicht. Nichtorganisierte und andersorganisierte Arbeitnehmer sind daher ohne weiteres teilnahmeberechtigt.[1]

Dem liegt allerdings die Annahme zu Grunde, dass die Belegschaft eines Betriebs (Unternehmens) insgesamt eine arbeitskampfrechtliche Einheit bildet. Diese wiederum basiert zum einen auf der Überlegung, dass die Kampfparität es erfordert, dass sich die gesamte Belegschaft am Arbeitskampf beteiligen kann. Zum andern geht sie darauf zurück, dass nach dem regelmäßigen Verlauf der Dinge auch die Außenseiter, in der Regel über arbeitsvertragliche Bezugnahmeklauseln, am Tarifabschluss teilhaben werden. Dabei ist es so, dass das Hauptgewicht bei Überlegungen zur Kampfparität liegt. Dagegen kommt dem zuletzt beschriebenen „Partizipationsgedanken" zumindest in der Rechtsprechung[2] eher nur untergeordnete Bedeutung zu.

Was die Herstellung von Kampfparität gegenüber dem Arbeitgeber angeht, ändern Tarifpluralitäten zunächst einmal nichts daran, dass sich die gesamte Belegschaft an einem Streik beteiligen dürfen muss, um hinreichenden Druck auf die Arbeitgeberseite ausüben zu können. Denn die Notwendigkeit, ein Gegengewicht zum Arbeitgeber bilden zu können, wird ja nicht geringer, nur weil im Betrieb mehrere Tarifverträge zur Anwendung kommen. Daher neigt die überwiegende Ansicht der Auffassung zu, dass sich auch im tarifpluralen Betrieb andersorganisierte Arbeitnehmer am Streik der Konkurrenzgewerkschaft und nichtorganisierte Arbeitnehmer an

1 BAGE 76, 196 = NZA 1994, 1097; 20, 175 = BB 1968, 993; ErfK/*Dieterich*, Art. 9 GG, Rn. 166, *Treber*, in: Schaub, Arbeitsrechts-Handbuch, 14. Aufl. 2011, § 193, Rn. 43; *Otto*, Arbeitskampf- und Schlichtungsrecht, 2006, § 6, Rn. 11; *Kissel*, Arbeitskampfrecht, 2002, § 38, Rn. 10 ff.; *Deinert*, RdA 2011, S. 12 (19).

2 BAGE 105, 5 = NZA 2003, 866; 33, 195 = NJW 1980, 1653.

jedem Arbeitskampf einer im Betrieb vertretenen Gewerkschaft beteiligen dürfen.[3]

Was den Partizipationsgedanken betrifft, hängt die Frage, ob nicht- und andersorganisierte Arbeitnehmer am späteren Tarifergebnis teilhaben können, vor allem davon ab, ob es sich beim fraglichen Tarifvertrag um einen Spartentarifvertrag handelt oder ob die streikende Gewerkschaft einen Abschluss anstrebt, der für den gesamten Betrieb gelten würde. Steht nämlich ein Berufsgruppentarifvertrag zur Diskussion, bleibt dieser für Angehörige anderer Berufsgruppen bedeutungslos, weil sie dessen fachlichen bzw. personellen Geltungsbereich nicht unterfallen werden.

Das deutet darauf hin, dass sich für die aus Sicht der Praxis besonders interessanten Streiks von Berufsgruppengewerkschaften gar nicht so sehr die Frage stellt, ob sich nicht- oder andersorganisierte Arbeitnehmer am Streik beteiligen dürfen, sondern die nach der Beteiligungsbefugnis von berufsgruppenfremden Belegschaftsmitgliedern, wohl einschließlich der eigenen Mitglieder der streikführenden Gewerkschaft. Diese lässt sich durchaus bestreiten: Wenn eine Belegschaftsgruppe für sich ganz alleine den Abschluss eines separaten Tarifvertrags anstrebt und sich daher bewusst aus der solidarischen „Kampfgemeinschaft" aller Belegschaftsangehörigen herauslöst, lässt sich natürlich schon fragen, warum sie dann die Unterstützung ihrer Kollegen für sich soll reklamieren können, mit denen sie tarifrechtlich gesehen ansonsten ja gerade nichts zu tun haben will. Daher wäre gut denkbar, die Teilnahmebefugnis anders- und nichtorganisierter auf die jeweilige Berufsgruppe zu beschränken.

Aller Wahrscheinlichkeit nach werden diese Fragen in der Praxis aber wohl keine größere Rolle erlangen, weshalb ich ihnen hier nicht weiter nachgehen will. Denn letztlich ist es kaum realistisch, dass sich Nicht- und Andersorganisierte und vor allem Berufsgruppenfremde an einem Spartenarbeitskampf beteiligen werden, der ihnen im Ergebnis nichts bringen wird.

---

3 *Deinert*, RdA 2011, S. 12 (21); *Franzen*, RdA 2008, S. 193 (202, 205); a.A. *Greiner*, LAGE Nr. 80 zu Art. 9 GG Arbeitskampf.

2. Aussperrung von andersorganisierten Arbeitnehmern, wiederholte Aussperrung nichtorganisierter Arbeitnehmer

Die im vorigen Abschnitt geschilderten Rechtsfragen stellen sich auf Arbeitgeberseite gleichermaßen, wenn auch mit „umgekehrten Vorzeichen," was die Aussperrung nicht kampfbeteiligter Arbeitnehmer betrifft. Nach herkömmlicher Auffassung darf der Arbeitgeber nicht nur (auch) nicht- und andersorganisierte Arbeitnehmer aussperren, vielmehr muss er dies sogar; er darf sich bei der Auswahl der auszusperrenden Belegschaftsangehörigen also gerade nicht auf die Mitglieder der streikenden Gewerkschaft beschränken.[4] Im vorliegenden Kontext bedarf diese Formel allerdings insofern einer Einschränkung, weil bislang zwar stets von den „*Nicht*- und *Anders*organisierten" gesprochen wurde, es tatsächlich aber immer nur um die Aussperrung von *Nicht*organisierten ging, eben weil in den Unternehmen kaum Andersorganisierte vorhanden waren.

Auch an dieser Stelle ist es so, dass die Wahrung der Kampfparität eine Berechtigung des Arbeitgebers zur Aussperrung von Nicht- und Andersorganisierten zumindest nahe legt.[5] Dies ließe sich freilich mit all den Argumenten bestreiten, die auch gegen die Streikberechtigung von nicht- oder andersorganisierten Arbeitnehmern, zumindest soweit sie beim Spartenstreik „anderen" Berufsgruppen angehören, ins Feld geführt werden können (s. oben: II.1.).

Letztlich verdient aber auch diese Fragestellung keine eingehendere Betrachtung. Denn seit Jahrzehnten ist die Aussperrung für die Arbeitgeberseite kein wirkliches Thema mehr. Nach einer Statistik des BMAS gab es zwischen 1990 und 1997, sowie 1999 und 2008 überhaupt keine durch Aussperrung ausgefallenen Arbeitstage, in den anderen Jahren war die Zahl der ausgesperrten Arbeitnehmer so klein, dass sie statistisch nicht erfasst wurde.[6] Dies liegt daran, dass die Aussperrung von Arbeitnehmern rechtlich schwierig zu realisieren ist und sich für Arbeitgeber weder in kampftaktischer, noch in ökonomischer Hinsicht als wirklich opportun erweist, zumal ihr in der Öffentlichkeit ein außerordentlich negatives Image zugemessen wird. Auch stehen der Arbeitgeberseite im Vergleich dazu weit effektivere

---

4 BAGE 33, 195 = NJW 1980, 1653.

5 *Deinert,* RdA 2011, S. 12 (19); *Franzen,* RdA 2008, S. 193 (202); *Kissel*, (Fn. 1), § 55, Rn. 3; *Otto,* (Fn. 1), § 10, Rn. 81; *Thüsing*, Der Außenseiter im Arbeitskampf, 1996, S. 90.

6 S. dazu Schaub/*Treber,* (Fn. 1), § 192, Rn. 4.

Kampfmittel (iwS) zur Verfügung (vorübergehende Betriebsstillegung, Darstellung etwaiger oder auch vermeintlicher negativer Auswirkungen des Arbeitskampfes und des geforderten Tarifabschlusses auf Fortbestand und Sicherheit der Arbeitsplätze im Unternehmen, Stellen der Standortfrage, Ankündigung eines möglichen Outsourcing, Einsatz von Leiharbeitnehmern oder Industriedienstleistern usw.). Vor allem aber ist der Arbeitgeber in einer modernen Industriegesellschaft, soweit ihn die Umstände nicht zu einer Betriebsstillegung zwingen, regelmäßig weitaus mehr daran interessiert, den Betrieb so gut als möglich fortzuführen und weitaus weniger, gegenüber der streikenden Gewerkschaft einmal kräftig mit den „Muskeln zu spielen." Das gilt erst recht für den Spartenarbeitskampf, wo es für den Arbeitgeber geradezu sinnwidrig wäre, die (oft wenigen) arbeitsbereiten Angehörigen der fraglichen Berufsgruppe auszusperren.[7] Das gilt natürlich gerade für die Daseinsvorsorge, wo es am ehesten zu Spartenarbeitskämpfen kommt und wo der Arbeitgeber sich schon im Allgemeininteresse für gebunden hält, wenigstens eine Mindestversorgung aufrecht zu erhalten.

3. Entgelt- und Arbeitskampfrisiken von nicht beteiligten Arbeitnehmern (nicht- und andersorganisierte Arbeitnehmer), Fernwirkungen von Arbeitskämpfen

a) Entgeltrisiko im bestreikten Betrieb

Weitaus mehr Bedeutung als die beiden zuvor diskutierten Problemstellungen erlangt in der Praxis die Frage, inwieweit der Arbeitgeber beim Spartenarbeitskampf nicht streikenden anders- und nichtorganisierten Arbeitnehmern auch dann zur Entgeltfortzahlung verpflichtet bleibt, wenn er diese wegen (während) des Streiks „der anderen" Gewerkschaft nicht beschäftigen kann.

Für den Regelfall bestimmt das Arbeitskampfrecht, [8] dass diese ihren Lohnanspruch verlieren (sog. „Arbeitskampfrisiko"). Insoweit stellt sich

---

7 Allerdings hatte die Eisenbahngesellschaft Veolia 2011 nach einem zweitägigen Lokführerstreik mit der GdL eine im Verhältnis zur Gesamtbelegschaft relativ große Zahl von Lokführern ausgesperrt. Näheres hierzu: ArbG Frankfurt (Main) v. 2.4.2011, 1 Ga 63/11, EzA-SD 2011, Nr. 14, 22.

8 BAGE 75, 186 = NZA 1994, 331; MüHbAbR/*Ricken,* § 206, Rn. 7; ErfK/*Dieterich*, Fn. 1, Art. 9 GG, Rn. 146.

freilich erneut die Frage, inwieweit dieser Grundsatz auch aus dem Partizipationsprinzip herrührt, denn würde man (auch) auf dieses abstellen, wäre mehr als fraglich, ob der Arbeitgeber hier wirklich von seiner Zahlungspflicht befreit werden dürfte. Denn die betroffenen Andersorganisierten bzw. Außenseiter profitieren ja häufig nicht vom späteren Tarifabschluss (s. oben II.1.).

Die Rechtsprechung und die überwiegende Ansicht der Lehre messen Partizipationsüberlegungen an dieser Stelle indes keine Bedeutung zu,[9] sondern stellen alleine auf Paritätsüberlegungen ab. Folglich müssten auch im Spartenarbeitskampf die Lohnansprüche aller Arbeitnehmer des Betriebs (ggf. Unternehmens) entfallen, die während eines Arbeitskampfes nicht beschäftigt werden können. Denn gerade die Verpflichtung des Arbeitgebers zur Lohnfortzahlung an kampfunbeteiligte Un- und Andersorganisierte bzw. ganz generell an Arbeitnehmer anderer Berufsgruppen hätte erhebliche Auswirkungen auf die Kampfparität. Für den Arbeitgeber macht es naturgemäß einen erheblichen Unterschied, ob er beim Arbeitskampf einer kleineren Berufsgruppe „nur" seine Einnahme verliert, oder darüber hinaus der Mehrheit der Gesamtbelegschaft zur Lohnfortzahlung verpflichtet bleibt.

Freilich ist zuzugeben, dass man sich mit diesem Ergebnis nicht wirklich wohl fühlen wird, müssen anders- und nichtorganisierte Arbeitnehmer so doch den Streik der jeweils anderen Gewerkschaft mitfinanzieren. Das erscheint gerade beim Berufsgruppenstreik bedenklich und zwar vor allem dann, wenn die ganz überwiegende Mehrheit der Belegschaft sich in einer großen Gewerkschaft organisiert hat, die dazu in der Lage wäre, die Interessen der Gesamtbelegschaft zu vertreten, daneben existierende Berufsgruppengewerkschaften aber dennoch eigenständige Tarifverträge durchsetzen wollen. Dann ist nicht so ganz leicht einzusehen, warum die Gesamtbelegschaft solidarisch für einen Streik einstehen soll, von dem sie nichts hat. Doch wäre es umgekehrt auch keine Lösung, den Arbeitgeber jeweils uneingeschränkt mit den Streikfolgen zu belasten, zumal es immerhin nicht ausgeschlossen erscheint, dass die nicht unmittelbar kampfbeteiligten Belegschaftsteile angesichts des drohenden Lohnverlustes sehr wohl einen gewissen Druck auf ihre streikwilligen Kollegen ausüben könnten, was die beteiligten Gewerkschaften (vielleicht) dazu veranlassen könnte, sich doch (wieder) zu Tarifgemeinschaften zusammenzufinden.

---

9 BAGE 34, 331 = NJW 1981, 973; *Richardi,* in: Staudinger-BGB, 2011, § 615 BGB, Rn. 254 ff.; *Deinert*, RdA 2011, S. 12 (21); *Franzen*, RdA 2008, S. 193 (203); *Hanau*, RdA 2008, S. 98 (103 f.).

b) Fernwirkungen des Arbeitskampfes

Ähnliche Probleme stellen sich im Hinblick auf die Fernwirkungen von Arbeitskämpfen. Nach bisheriger Ansicht entfällt der Lohnanspruch von Arbeitnehmern, wenn diese in einem Betrieb arbeiten, der zwar selbst nicht unmittelbar kampfbeteiligt ist, in dem aber nicht mehr gearbeitet werden kann, weil es auf Grund eines andernorts stattfindenden Streiks an Zulieferteilen, Vorprodukten o.ä. fehlt. Voraussetzung ist allerdings, dass der drittbetroffene Arbeitgeber oder aber seine Belegschaft Einfluss auf das Kräftegleichgewicht im Kampfgebiet nehmen können. Denkbar ist, dass die fraglichen Arbeitnehmer in der kampfführenden Gewerkschaft organisiert sind, dass die Entscheidung, wer bestreikt werden soll, kampftaktisch motiviert ist („Nadelstichstreik") oder dass enge wirtschaftliche bzw. koalitionspolitische Verflechtungen zwischen den kampfführenden Gewerkschaften bzw. angegriffenen Arbeitgeberverbänden bestehen.[10] Typischerweise ist dies in großen Industriebranchen des produzierenden Gewerbes der Fall, in denen Flächentarifverträge zur Anwendung kommen, also etwa, wenn in einem metallverarbeitenden Zulieferunternehmen gestreikt wird und deshalb bei abnehmenden Automobilherstellern die Arbeit ausfällt, weil es an entsprechenden Zulieferteilen fehlt.

Im Ansatz lässt sich das auch auf den tarifpluralen Arbeitskampf übertragen, wobei sich erneut die Frage auftut, inwieweit das Arbeitskampfrisiko im Drittbetrieb auch berufsgruppenübergreifend eingreifen kann, da die drittbetroffenen Arbeitnehmer in der Regel nicht vom späteren Tarifabschluss profitieren werden (oben II.1.) und zwar auch nicht mittelbar, was die Lehre vom Kampfrisiko aber voraussetzt. So oder so dürfte diese Frage in der Realität allerdings keine große Bedeutung erlangen. Denn in den bislang bekannten Konstellationen, in denen es zu gewerkschaftspluralen Arbeitskämpfen gekommen ist, fehlt es, was deren Fernwirkung angeht, schon an jeder rechtlich relevanten Verbindung zwischen dem angegriffenen und dem drittbetroffenen Betrieb. Wird bei der Bahn gestreikt und werden deshalb Automobilhersteller nicht mehr mit Stahl beliefert, ist eine kampfrechtliche „Konnexität" noch nicht einmal im Ansatz feststellbar. Das Arbeitskampfrisiko würde den Automobilhersteller so oder so nicht privile-

10 BAGE 34, 331 = NJW 1981, 973; *Kissel* (Fn. 1), § 33, Rn. 8 ff., 127 ff.; *Otto* (Fn. 1), § 16, Rn. 28 ff; *Rieble*, BB 2008, S. 1506 (1512).

gieren, ganz gleich, ob bei der Bahn eine Einheits- oder eine Spartengewerkschaft streikt.

4. Anspruch von „beschäftigungslosen“ Außenseitern (u.a.) auf Arbeitslosen- und Kurzarbeitergeld (§§ 100, 160 Abs. 3 SGB III)?

Nach den Regelungen der §§ 100, 160 Abs. 3 SGB III hat ein Arbeitnehmer, der teilweise oder ganz „beschäftigungslos“ geworden ist, dann keinen Anspruch auf Arbeitslosen- und Kurzarbeitergeld, wenn er in einem Betrieb beschäftigt ist, der dem fachlichen oder räumlichen Geltungsbereich des umkämpften Tarifvertrags zuzuordnen ist. Das gilt aber nur, wenn der angestrebte Tarifvertrag für den jeweiligen Arbeitnehmer gelten oder auf ihn über eine Bezugnahmeklausel angewandt werden würde (§ 160 Abs. 3 SGB III). Die spätere Partizipation am Tarifergebnis ist hier also eine durch das Gesetz speziell benannte und eindeutige Voraussetzung dafür, dass der Anspruch des Versicherten auf Arbeitslosen- bzw. Kurzarbeitergeld entfällt. Geht man also davon aus, dass nicht- oder andersorganisierte Arbeitnehmer des bestreikten Betriebs bzw. Angehörige einer „anderen“ Berufsgruppe, die auf Grund eines Streiks einer „anderen“ Gewerkschaft bzw. Berufsgruppe ausgesperrt werden bzw. nicht beschäftigt werden können, während des Streiks keinen Anspruch auf Arbeitsentgelt haben, weil sie das Arbeitskampfrisiko tragen (s. zuvor II.3.), würde dies dazu führen, dass die Sozialversicherungen einspringen. Diese müssten also folglich den Arbeitskampf von Berufsgruppen- und Spartengewerkschaften in Höhe von 67 % (§ 105 Nr. 1 SGB III) des ausfallenden Gehalts mitfinanzieren, was manchem Betrachter ein unbehagliches Gefühl vermitteln mag.

III. Kernfrage: häufige, fortwährende und exzessive Arbeitskämpfe?

1. Problemstellung

Die im vorigen Abschnitt diskutierten Rechtsprobleme, die sich im Zusammenhang mit tarifpluralen Arbeitskämpfen stellen, zeigen, dass das deutsche Arbeitskampfrecht bislang bipolar ausgerichtet und daher nur bedingt auf Tarifpluralitäten vorbereitet ist. All diese Einzelfreiheiten erlangen aber keine „systemische Bedeutung“ für die Arbeitsrechtsordnung. Zwar werden sie für bestreikte Arbeitgeber, kampfführende Gewerkschaften, kampfbeteiligte oder drittbetroffene Arbeitnehmer durchaus Bedeutung erlangen, doch sind sie letztlich mit dem Instrumentarium der herkömmlichen arbeitsrechtlichen Dogmatik durchaus beherrschbar. Anders sieht es dagegen aus, sollten Gewerkschaftspluralitäten zu häufigen und permanenten Arbeitskämpfen führen.

Die damit verbundenen Probleme sind so vielfältig und hinreichend beschrieben worden, dass ich sie hier nur stichpunktartig in Erinnerung rufen will. Befürchtet werden permanente Arbeitskämpfe durch Gewerkschaften, die versuchen, sich gegenseitig zu übertrumpfen.[11] Generell könnten Gewerkschaften Tarifabschlüssen zurückhaltend gegenüberstehen, weil sie in einer Art Lauerstellung erst die Tarifforderungen der „Konkurrenz" abwarten, um von dieser nicht überboten zu werden. Darüber hinaus steht die Sorge im Raum, dass die Kampfparität bei Spartenarbeitskämpfen nicht mehr gewährleistet werden könne, da der Arbeitgeber vor allem kleinen Berufsgruppen, die leicht den gesamten Betrieb lahmlegen können, mehr oder weniger schutzlos ausgeliefert sei. Kommt es immer wieder zu Streiks rivalisierender Gewerkschaften, könnte im Gesamtergebnis die friedensstiftende Funktion von Tarifverträgen Schaden nehmen. Diese ist aber einer der ganz entscheidenden Faktoren für Arbeitgeber, sich einem Arbeitgeberverband anzuschließen und Tarifverträge überhaupt im Betrieb anzuwenden. Auf der Seite der Arbeitnehmer wird eine Entsolidarisierung der Belegschaft befürchtet, weil „kampfschwache" Berufsgruppen nicht mehr auf die Unterstützung derjenigen Arbeitnehmer zählen könnten, die sich als besonders durchsetzungsfähig erweisen und daher einem Streik den nötigen Nachdruck verleihen könnten. In der Summe wird die Sorge laut, dass mit der Aufgabe des Grundsatzes der Tarifeinheit die Funktionsfähigkeit der Tarifautonomie als Ganzes gefährdet ist.

2. Erste Lösungsansätze in der Literatur

Im Umfeld der Aufgabe des Grundsatzes der Tarifeinheit sind in der Literatur eine Vielzahl von Vorschlägen erarbeitet worden, um überbordende Auswirkungen tarifpluraler Arbeitskämpfe in den Griff zu bekommen und Gewerkschaftspluralitäten so in geordnete Bahnen zu lenken. Diese können

---

11 *Papier/Krönke*, ZfA 2011, S. 807 (812), *Giesen*, NZA 2009, S. 11 (12); *Hromadka*, NZA 2008, S. 384; *ders.*, in: GS Heinze, 2005, S. 384 (388); *Jacobs*, in: FS Buchner, 2009, S. 342; *C. Meyer*, NZA 2006, S. 1387 (1389).

hier schon aus Raumgründen nicht einzeln, sondern nur ganz überblickshaft dargestellt werden. Darüber hinaus scheint es aber auch so, dass deren ausführliche Erörterung nur bedingt lohnt, weil man im Rückblick wohl feststellen wird müssen, dass, so verdienstvoll und handwerklich ansprechend viele auch ausgearbeitet sind, sie letztlich nur bedingt geeignet sind, um die anstehenden Probleme zu lösen.

a) Bildung von Tarifgemeinschaften

Vorgeschlagen wird zunächst die Verpflichtung konkurrierender Gewerkschaften zur Führung gemeinsamer Tarifverhandlungen, die so mehr oder weniger gehalten wären, Tarifgemeinschaften zu bilden.[12] Von einer gesetzlich angeordneten Tarifeinheit unterscheidet sich dieser Vorschlag dadurch, dass es Minderheitsgewerkschaften zwar faktisch verwehrt ist, selbst Tarifforderungen zu erheben und für diese ggf. zu streiken, diesen aber in der Gemeinschaft mit anderen Gewerkschaften immerhin eine gewisse Mitwirkungsmöglichkeit zukommt. Die Mehrheitsgewerkschaft kann sie, anders als bei der Tarifeinheit, nicht einfach übergehen.

Dennoch greift auch dieses Modell weit und intensiv in die Betätigungsfreiheit der beteiligten Gewerkschaften ein und dabei – anders als das „Einheitsmodell" – auch in das der Mehrheitsgewerkschaft. Davon abgesehen erscheint fraglich, ob eine zwangsweise gebildete Verhandlungsgemeinschaft wirklich in der Lage sein wird, an einem Strang zu ziehen und mit einer Stimme zu sprechen. Hier stehen sich nicht nur Gewerkschaften und Arbeitgeber als soziale Gegenspieler gegenüber, vielmehr wird es in einigen Fällen schon auf Belegschaftsseite einer Art „Schlichtung" im Vorfeld bedürfen, was Position und Durchsetzungsfähigkeit der Arbeitnehmer oft erheblich schwächen wird. Darüber hinaus läuft die Minderheitsgewerkschaft Gefahr, im Gremium majorisiert zu werden, was sie wiederum herausfordern könnte, vorsorglich erst einmal eine Blockadehaltung einzunehmen. So ist es also alles andere als eindeutig, ob man auf diese Weise zu brauchbaren Ergebnissen gelangen wird.

---

12 *Monopolkommission,* BT-Drs. 17/2600, S. 352; *Kamanabrou*, ZfA 2008, S. 241 (271); *Fritz/Meyer*, NZA 2010, Beil. 3, S. 111; eher zurückhaltend: *Greiner,* Rechtsfragen der Koalitions-, Tarif- und Arbeitskampfpluralität, 2010, S. 448; ablehnend *Giesen*, ZfA 2011, S. 1 (33); *Papier/Krönke*, ZfA 2011, S. 807 (855).

b) Zeitliche Koordinierung von Tarifverhandlungen

Sehr viel Aufmerksamkeit wurde auf die zeitliche Koordinierung der einzelnen Tarifverhandlungen verwendet.[13] Dem liegt die Idee zu Grunde, dass der Grundsatz der Tarifeinheit verfassungsrechtlich nicht haltbar ist, sich der Arbeitgeber aber umgekehrt auch nicht ohne Unterlass immer neuen Tarifforderungen und andauernden Arbeitskämpfen rivalisierender Gewerkschaften ausgesetzt sehen soll. Daher müssten die im Betrieb vertretenen Gewerkschaften ihre Tarifverhandlungen und ggf. auch Arbeitskämpfe zeitlich koordinieren. Dabei finden sich in der Literatur, was die Einzelheiten betrifft, zahlreiche Untervarianten, doch kommt es auf die Details an dieser Stelle nicht an.

Denn letztlich hat sich in der Diskussion der vergangenen Jahre gezeigt, dass sich die zeitliche Koordination von Tarifverhandlungen zwar im dogmatischen Ansatz als durchaus brauchbar erweist, um die Arbeitskämpfe von Gewerkschaftspluralitäten in geordnete Bahnen zu lenken, die arbeitsrechtliche Praxis diesem Modell indes mit sehr großer Zurückhaltung begegnet ist, was es zu respektieren gilt. Die Arbeitgeberseite verweist darauf, dass ein Überbietungswettbewerb konkurrierender Organisationen auch dann noch schädlich ist, wenn er „zeitgleich" abläuft. Darüber hinaus kritisieren beide Sozialpartner übereinstimmend, dass die Laufzeit von Tarifverträgen keine nebensächliche Formalie des Verhandlungsablaufs ist, sondern ein ganz entscheidendes materielles Datum des Tarifvertrags selbst. Inhalt, Höhe und Umfang des Tarifabschlusses stehen in einem engen Zusammenhang mit seiner Laufzeit. Und natürlich stellt sich die Frage, ob sich eine entsprechende zeitliche Koordinierung in der Praxis überhaupt durchführen lässt. So hat das Bonmot die Runde gemacht, wonach das Modell zwar schön sei, aber man doch bitte sagen solle, wer denn eigentlich die „Streiksaison" oder zuweilen auch: die „Jagdsaison" festlegen dürfe.[14]

---

13 Darüber hinaus *Franzen*, RdA 2008, S. 198 (204); *Giesen*, ZfA 2011, S. 1 (31); *Kamanabrou*, ZFA 2008, S. 241 (272); *Papier/Krönke*, ZfA 2008, S. 807 (853); *Carl Friedrich von Weizsäcker Stiftung,* Tarifpluralität als Aufgabe des Gesetzgebers, 2011, Gesetzesentwurf, ab S. 44.

14 *Giesen*, ZfA 2011, S. 1 (32); *Papier/Krönke;* ZfA 2008, S. 807 (854); Soweit mir bekannt, stammt dieses Zitat ursprünglich vom Bundesvorsitzenden des Marburger Bundes, *Rudolf Henke*.

c) Tarifzensur, lösende Aussperrung

Zwei weitere Vorschläge seien am Rande nur kurz gestreift.

Im Umfeld des Lokführerstreiks 2007 wurde vorgeschlagen, die mit der Aufgabe der Tarifeinheit möglicherweise gefährdete Kampfparität wiederherzustellen, indem Arbeitgebern ermöglicht wird, Arbeitnehmer (ggf. streikbeteiligte Arbeitnehmer bzw. solche, die der streikenden Gewerkschaft angehören) lösend auszusperren, d.h. deren Arbeitsverhältnisse kampfbedingt fristlos zu kündigen.[15] Ansatzpunkt ist, dass das BAG seit der Grundlagenentscheidung des Großen Senats aus den 1970erJahren der Aussperrung regelmäßig nur suspendierende Wirkung zuerkennt, das Gericht damals aber nicht ausgeschlossen hatte, dass es Sonderfälle geben könnte, in denen der Arbeitgeber berechtigt ist, notfalls auch lösend auszusperren.[16]

Doch ist mehr als fraglich, ob, nur weil im Betrieb mehrere Gewerkschaften vorhanden sind, bereits die Annahme gerechtfertigt ist, dass eine derartige Ausnahmesituation gegeben ist. Davon abgesehen erkennt das BAG dem lösend ausgesperrten Arbeitnehmer nach Abschluss des Arbeitskampfs einen Anspruch auf Wiedereinstellung nach billigem Ermessen des Arbeitgebers zu.[17] Das wird er in der vorliegenden Konstellation ohnehin tun müssen, weil beim Berufsgruppenstreik ja gerade eine Arbeitnehmergruppe streikt, auf deren Arbeitsleistung er ganz besonders dringlich angewiesen ist. Auch würde die Gewerkschaft unter dieser Maßgabe sicher jeden Wert darauf legen, in den Tarifvertrag ein Maßregelungsverbot bzw. eine Wiedereinstellungsklausel aufzunehmen. Im Ergebnis erweist sich die lösende Aussperrung daher als nichts weiter als eine suspendierende Aussperrung, vielleicht davon abgesehen, dass der Arbeitgeber mit ihrer Hilfe einen gewissen psychologischen Druck auf streikende Arbeitnehmer ausüben kann.

Sollte der Arbeitgeber darüber hinaus berechtigt und in der Lage sein, schon während der Streikzeit an Stelle der kämpfenden Mitglieder der Berufsgewerkschaft (andersorganisierte, nicht streikwillige) Arbeitnehmer einzustellen und sollte die lösende Aussperrung daher ausnahmsweise doch zur Beendigung der Arbeitsverhältnisse der streikenden Arbeitnehmer führen, wird man fragen müssen, welchen Zugewinn an Koalitionsfreiheit die

---

15 *Greiner*, NZA 2007, S. 1023 (1027); iwS in diese Richtung bereits: *Löwisch*, ZfA 1988, S. 137 (146).

16 BAGE 23, 292, Rn. 86 ff. = RdA 1971, 185.

17 AGE 23, 292, Rn. 92 = RdA 1971, 185.

Abkehr von der Tarifeinheit den Sparten- und Berufsgruppengewerkschaften denn dann verschafft hätte. Sie dürften zwar streiken – das aber nur um den Preis ihres Arbeitsverhältnisses.

Schließlich ist eine Zensur zumindest überbordender Tarifforderungen von Spartengewerkschaften ins Spiel gebracht worden.[18] Doch ist gerade damit ein erheblicher Eingriff in die Tarifautonomie verbunden. Denn Tarifforderungen unterliegen, wie das BAG in seiner Entscheidung zur Zulässigkeit des Streiks um Sozialplantarifverträge klar herausgearbeitet hat, keiner gerichtlichen Übermaßkontrolle.[19] Eine derartige Kontrolle wäre aber auch praktisch gar nicht handhabbar, zumindest würde sie nicht zum gewünschten Ergebnis führen, wie das Beispiel des Lokomotivführerstreiks des Jahres 2007 zeigt: Die Gewerkschaft der Lokomotivführer (GdL) forderte damals eine Anhebung der Arbeitslöhne um 31 %. Unterstellen wir, dass diese Forderung überzogen ist und der angegriffene Arbeitgeberverband (im Fall: AG MoVe) einen Unterlassungsanspruch gegen die GdL hätte geltend machen können. Dann hätte sich die Gewerkschaft sicherlich gefragt, wie weit sie ihre Tarifforderung reduzieren muss, damit sie streiken darf. Auf 15, 20 oder 25 %? Und nehmen wir für einen Moment an, dass sich die GdL für 10 % entschieden hätte, was sich kaum als überzogen und damit rechtswidrig einstufen lässt: Dann würde sich die Arbeitgeberseite nach der Tarifzensur zwar keiner astronomisch hohen Forderung mehr ausgesetzt sehen, doch wäre sie dessen ungeachtet wohl nicht bereit, die noch immer recht ansehnliche Tarifforderung vollständig zu erfüllen. Folglich wäre sie genauso bestreikt worden und der Tarifabschluss wäre wahrscheinlich kaum ein anderer, als wenn die Gewerkschaft bei der 31-prozentigen Forderung geblieben wäre. Selbst aber wenn sich die Spartengewerkschaft noch viel bescheidener zeigen würde: Arbeitskampf ist Arbeitskampf und für den Arbeitgeber ist alleine die Tatsache, dass er mehrfach durch konkurrierende Gewerkschaften angegangen wird, belastend und weniger die Tatsache, dass diese für sich bzw. für eine Streikteilnahme werben will, in dem sie kräftige Forderungen formuliert. Zum Ziel würde also allenfalls führen, wenn man die Forderungen auf eine „amtlich vertretbare" Höhe reduzieren würde, die der Arbeitgeber aller Voraussicht nach wird erfüllen können, weil es dann

---

18 *Otto,* (Fn. 1), § 8, Rn. 41; *ders.*, in: FS Konzen, 2006, S. 663 (666); *Greiner*, NZA 2007, S. 1023 (1028), der dies allerdings nur als die „zweitbeste Lösung" bezeichnet; *Jacobs*, NZA 2008, S. 325 (331); *ders.*, in: FS Buchner, 2009, S. 342 (354).

19 BAGE 122, 134, Rn. 95 = NZA 2007, 987 (995).

keinen Streik geben wird. So würde freilich wenig bis gar nichts von der Tarifautonomie übrig bleiben.

3. Gesetzliche Tarifeinheit

Als Zwischenfazit lässt sich also festhalten, dass rein verfahrensleitende Regelungen kaum geeignet sind, um überbordende Auswirkungen von Tarifpluralitäten in den Griff zu bekommen. Müssen wir also doch zur Tarifeinheit zurück? Wenn ich dieser Frage im Weiteren nachgehen will, möchte ich mich dabei auf drei Schwerpunkte konzentrieren: (1.) Wo genau liegt das Problem von Gewerkschaftspluralitäten im Betrieb und welchen (Fehl)Entwicklungen müsste wirklich entgegen gesteuert werden? (2.) Kann eine gesetzlich vorgegebene Tarifeinheit in der Praxis funktionieren, insbesondere: Wäre sie geeignet, um die Probleme, die sich mit Arbeitskämpfen von Splittergruppengewerkschaften tatsächlich verbinden, in den Griff zu bekommen? (3.) Schießt eine starre Tarifeinheit über das Ziel hinaus, indem sie auch Tarifpluralitäten mitbeseitigt, die an sich funktionieren? Wie bereits eingangs erwähnt (I.), möchte ich dagegen den Schwerpunkt der Betrachtung nicht auf abstrakte verfassungsdogmatische Überlegungen richten. Doch sollen sie eben insoweit in die Ausarbeitung einfließen, als es zu zeigen gilt, welchen Einfluss das arbeitsrechtliche Tatsachenumfeld, in der sich die Tarifpluralität bewegt, auf die verfassungsrechtliche Diskussion der Tarifeinheit nehmen müsste.

4. Rechtfertigungsgrund: Gegenmaßnahmen gegen eine Zersplitterung der Tariflandschaft, Sicherung der Funktionsfähigkeit der Tarifautonomie

a) Ausgestaltung oder Eingriff?

In der Diskussion der vergangenen Jahre wurde sehr viel Aufmerksamkeit auf die Frage verwendet, ob ein „Einheitsgesetz“ die Tarifautonomie lediglich ausgestalten würde oder ob es als Eingriff in das Koalitionsgrundrecht

„verlierender“ Gewerkschaften zu bewerten ist.[20] Das ist auf der einen Seite verständlich, entscheidet sich damit doch, wie hoch sich der Argumentationsaufwand bemisst, um ein solches Gesetz verfassungsrechtlich zu legitimieren. Auf der anderen Seite erweist sich dies aber als ausgesprochen unglücklich, weil die Diskussion dadurch meist an einer viel zu frühen Stelle stecken bleibt. So wird gar nicht mehr darüber gestritten, ob eine gesetzlich verordnete Tarifeinheit erforderlich, funktionsfähig, verhältnismäßig oder gar sinnvoll ist. Vielmehr findet der Schlagabtausch an einem Schauplatz statt, der nur einen kleinen Ausschnitt der mit einem derartigen Gesetz verbundenen Probleme abbildet, was mir nebenbei bemerkt ein gewisser Kommunikationserfolg der Gesetzesbefürworter zu sein scheint, weil diesen so zuweilen gelingt, dass sich die Diskussion im Nichts verliert.

Die Unterscheidung, ob eine gesetzgeberische Entscheidung ein gestaltungsbedürftiges Grundrecht ausgestaltet oder in dieses eingreift, erweist sich als eine der dogmatisch diffizilsten Fragen des Verfassungsrechts. Gerade mit Blick auf die Tarifeinheit ist die Diskussion insoweit sehr engagiert geführt worden.[21] Aus den bereits geschilderten Gründen möchte ich sie hier nicht, auch nicht zusammenfassend, wiedergegeben. Wichtig erschiene mir zunächst, dass, bevor man in die rechtliche „Klassifikation“ eines möglichen Einheitsgesetzes einsteigt, man sich zunächst ganz klar dessen Reichweite vor Augen führt: Der Arbeitgeber könnte frei bestimmen, ob er Sparten- und Berufsgruppengewerkschaften in seinem Unternehmen akzeptiert will oder nicht. Er kann durch den passenden Zuschnitt seiner Betriebe oder durch den Abschluss „betriebsdeckender“ Tarifverträge mit (gegebenenfalls auch nur vermeintlichen) Mehrheitsgewerkschaften ihr Verhandlungsmandat nehmen. Die betroffenen Gewerkschaften könnten ihre Mitglieder tarifvertraglich nur noch vertreten, indem sie bei der „Mehrheitsgewerkschaft“ um die Bildung einer Tarifgemeinschaft nachsuchen oder darauf hoffen, dass der

20 ErfK/*Franzen*, Fn. 1, § 3 TVG, Rn. 71; *Wiedemann/Wank*, TVG, 7. Aufl. 2007, § 4, Rn. 271 ff.; *Bruhn*, Tarifeinheit im Betrieb als Eingriff in die Koalitionsfreiheit, 1997; *Jacobs*, Tarifkonkurrenz und Tarifeinheit, 1999, S. 351 ff.; *Papier/Krönke*, ZfA 2011, S. 807 (813); *Thüsing/v. Medem*, ZIP 2007, S. 510 (511).

21 U.a. *Engels*, RdA 2008, S. 331; *ders.*, Verfassung und Arbeitskampfrecht, Berlin 2008, S. 281 ff.; *Giesen*, ZfA 2011, S. 1; *ders.*, NZA 2009, S. 11; Greiner, NZA 2010, S. 743; ders. (Fn. 12), S. 70 ff.; *Hromadka*, NZA 2008, S. 384; *Hromadka/Schmitt-Rolfes*, NZA 2010, S. 687; *Papier/Krönke*, ZfA 2011, S. 807; *Waas*, Gutachten, 2010, (Sinzheimer Institut), S. 19; *Reichold*, Gutachten (dbb tarifunion), S. 7; *Rieble*, in: Rieble/Junker/Giesen (Hrsg.), ZAAR Schriftenreihe, Bd. 21, Verfassungsfragen der Tarifeinheit, 2010.

Arbeitgeber mit ihnen freiwillig abschließt und die fraglichen Tarifverträge dann auch tatsächlich anwendet. Sie sind also auf den good will der Arbeitgeberseite oder der Mehrheitsgewerkschaft angewiesen (mag es auch sein, dass diese ggf. ein Interesse daran haben kann, dass sich die fragliche Berufsgruppe an Arbeitskämpfen beteiligt, erweist sich diese doch im Regelfall als besonders durchsetzungsfähig). Mit anderen Worten: Das originäre Vertretungsmandat der jeweiligen Gewerkschaft ist verloren, was diese in aller Regel in ihrem Bestand gefährden wird. Denn warum sollten sich Arbeitnehmer in einer Koalition organisieren, die für sie nicht ihre Stimme erheben kann?

Damit scheint die Frage nach Ausgestaltung oder Eingriff eigentlich schon beantwortet, denn wenn noch nicht einmal das ein Eingriff in die Tarifautonomie sein soll: Was dann? Nur ein totales Gewerkschaftsverbot?[22]

Nichts Anderes ergibt sich aus der Rechtsprechung des BVerfG – jedenfalls aus dessen jüngerer Judikatur (dagegen gilt es bei der Heranziehung von Zitaten aus der älteren Rechtsprechung des Gerichts große Zurückhaltung walten zu lassen, weil diese meist noch der Kernbereichsformel verhaftet ist!). Völlig zu Recht hat das Gericht immer wieder darauf hingewiesen, dass gesetzliche Regelungen, die das tarifliche Rechtsetzungsmandat insbesondere von Gewerkschaften beschränken, in deren Koalitionsfreiheit aus Art. 9 Abs. 3 GG eingreifen.[23] Genannt seien nur die Beschlüsse (Urteile) zu §§ 57a ff. HRG 1985, 21 Abs. IV S. 1 bis 3 FlRG 1990, 275 SGB III [1994], 10 BUrlG 1996.[24]

---

22 Derart pointiert fragt das: *Jacobs*, NZA 2008, S. 325 (329).

23 BVerfGE 94, 268; 92, 26; 100, 271; 103, 293. Zuzugeben ist, dass die Rechtsprechung des Gerichts insoweit keineswegs immer einheitlich ist. Zuweilen finden sich in einem Urteil Passagen, die darauf hindeuten, dass es sich bei der jeweils angegriffenen Regelung nur um eine Ausgestaltung des Grundrechts handeln würde, das Gericht aber dann, wenig kohärent dazu, eine Art Rechtfertigungsdiskussion vornimmt. Und nicht selten wird in wenigen Passagen von einem Eingriff gesprochen (s. dazu meine Analyse in *Bayreuther*, Tarifautonomie als kollektiv ausgeübte Privatautonomie, 2005, S. 29, Fn. 79). Das dürfte auch der Grund dafür sein, warum beide Seiten ihre Auffassung ohne Probleme durch Verweise auf die Rechtsprechung des BVerfG untermauern können und sich so zuweilen (aus dem Zusammenhang gerissene) Zitate ein- und desselben Urteils entgegen halten.

24 Von den Befürwortern der Tarifeinheit wird an dieser Stelle zuweilen eingewandt, dass das BVerfG die jeweils überprüften Normen ja passieren ließ, die Wegnahme von Tarifverträgen also nie beanstandet habe. Ganz richtig ist dieser Einwand indes nicht, weil das Gericht § 21 IV 3 FlRG ganz eindeutig als überschießend kassiert hat. Aber auch grundsätzlich überzeugt dieses Argument nicht. Alle Regelungen, die das

Gegen diese Überlegungen lassen sich dann auch nicht die Entscheidungen des BVerfG zum Arbeitnehmerentsenderecht, [25] zu Tariftreueerklärungen,[26] sowie zu § 5 TVG[27] in Stellung bringen. In der Tat wird zuweilen argumentiert, dass die jeweiligen gesetzlichen Regelungen ja auch dazu führen würden, dass Tarifverträge verdrängt werden, dass das BVerfG dies indes als verfassungskonforme Ausgestaltung des Tarifrechts angesehen hätte.[28]

So formuliert erweist sich das indes nicht als zutreffend. Richtig ist zwar, dass es im AEntG über die §§ 7 und 8 AEntG tatsächlich zu einer Verdrängung von Tarifverträgen kommt. [29] Doch Vorsicht! Das Entsenderecht verbietet dem Arbeitgeber lediglich, eine ganz elementare Lohnuntergrenze bzw. bestimmte Mindestarbeitsbedingungen zu unterschreiten und das in der Tat auch dann, wenn die jeweils schlechteren Arbeitsbedingungen in einem Tarifvertrag festgelegt sein sollten. Es nimmt aber weder den Arbeitsvertragsparteien ganze Tarifverträge weg, noch macht es Gewerkschaften den Abschluss von Tarifverträgen unmöglich. Tariftreueverlangen verdrängen sowieso keine Tarifverträge. Die von der Vergabebehörde vorgegebenen tarifvertraglichen Entgeltabreden werden nicht zum Inhalt der Arbeitsverträge, sondern beeinflussen diese lediglich mittelbar. Davon abgesehen richten sich Tariftreueverlangen rein faktisch fast ausnahmslos gegen bislang völlig tarifungebundene Arbeitgeber und überhaupt betreffen sie lediglich

---

Gericht bisher überprüft hatte, schränkten das tarifliche Rechtsetzungsmandat nämlich allenfalls am Rande ein („Ist die Anrechnung von zwei Kurtagen auf den Tarifurlaub zulässig?"). Dagegen hatte das BVerfG zu keiner Zeit über eine Regelung zu entscheiden, die einer Gewerkschaft ganze Tarifverträge wegnimmt und ihr im Extremfall das tarifliche Rechtsetzungsmandat sogar schlechthin entzieht.

25 BVerfG v. 18.7.2000, NZA 2000, 948.

26 BVerfGE 116, 202 (219 f.).

27 BVerfGE 44, 322 (352); 55, 7 (25 f.).

28 So aber: *Scholz*, ZfA, 2010, S. 681 (698 ff.), mit einem Rückschluss, der in einem bemerkenswerten Widerspruch zu der von ihm selbst wenige Jahre zuvor in anderem Kontext vertretenen Auffassung steht, nämlich, *Scholz*, Rechtsgutachten erstattet im Auftrag der BdA, Mai 1999, unveröffentl., S. 62 ff.

29 Das BVerfG äußert sich in seiner Entscheidung zum AEntG überhaupt nicht zur Verdrängungswirkung von Entsendetarifverträgen. Zum Entscheidungszeitpunkt ging man nämlich noch davon aus, dass „eigene" Tarifverträge des Arbeitgebers diesen gegenüber vorrangig bleiben: s. Begr, BT-Drs. 14/45, S. 26; ErfK/*Hanau*, 2. Aufl. 2001, § 1 AEntG Rdnr. 8, 14; *Ossenbühl/Cornils*, Tarifautonomie und staatliche Gesetzgebung, Rechtsgutachten für das BMAS, Forschungsbericht Sozialforschung (280), 2000, S. 63; *Koberski*, AEntG, 2. Aufl. (2002), § 1 Rn. 103, 114.

einen kleinen Teil des Wirtschaftslebens. Auch bei der Allgemeinverbindlicherklärung von Tarifverträgen kommt es zu keiner Verdrängungen von Tarifverträgen. Soweit der für verbindlich erklärte Tarifvertrag nicht ausnahmsweise in den Anwendungsbereich des Entsenderechts fällt, verhindert die im Rahmen der Tarifkonkurrenz unbestrittene Auflösung von Tarifmehrheiten,[30] dass den Arbeitsvertragsparteien der von ihnen privatautonom legitimierte Tarifvertrag durch die Allgemeinverbindlicherklärung verloren geht. Dass für die partielle Verdrängungswirkung des AEntG gewichtige Rechtfertigungsgründe streiten – geht es dort doch um die Sicherung elementarer Lohn- und Mindestarbeitsbedingungen zu Gunsten des Arbeitnehmers – kommt noch hinzu. Mitnichten trifft daher die Behauptung zu, dass das BVerfG in diesen Entscheidungen über die Wegnahme von Tarifverträgen entschieden und diese dabei als nicht rechtfertigungsbedürftige Ausgestaltung des Grundrechts angesehen hätte.

Eine gesetzgeberische Anordnung der Tarifeinheit greift in das Koalitionsgrundrecht von Gewerkschaften ein und zwar in das *sämtlicher* deutscher Gewerkschaften. Natürlich würde eine derartige Regelung in aller erster Linie Berufsgruppen- und Spartengewerkschaften treffen. Doch lässt sich nicht generalisierend vorhersagen, wann, wo und unter welchen Umständen eine Gewerkschaft sich in einem Betrieb in der Mehrheits- oder der Minderheitsposition befindet. So dürfte etwa selbst die „große" ver.di in manchen Krankenhäusern über weniger Mitglieder verfügen als der Marburger Bund. Rechtlich gesehen spricht die Tarifeinheit daher alle Gewerkschaften völlig unabhängig von ihrer Größe, ihrer personellen Ausrichtung und ihrer bisherigen Beteiligung am Tarifgeschehen an. Nur vorsorglich sei noch kurz angemerkt, dass selbst dann, wenn man dies anders sehen und davon ausgehen würde, dass das Koalitionsgrundrecht durch die Tarifeinheit lediglich ausgestaltet wird, zu beachten wäre, dass dem Gesetzgeber auch bei der Ausgestaltung von Grundrechten Grenzen gezogen sind und er daher auch dabei in einem weiteren Sinn Rechtfertigungslasten unterliegen kann.

---

30 BAGE 98, 263 = NZA 2002, 1406 (1407); BAG v. 14.6.1989, NZA 1990, 325 (Ls.) = AP TVG § 4 Tarifkonkurrenz Nr. 16; BAGE 3, 351 = NJW 1957, 845; ErfK/*Franzen*, Fn. 1 § 4 TVG, Rn. 67 ff.; HWK/*Henssler*, 5. Aufl. (2012), § 4 TVG, Rn. 47 ff.; Schaub/*Treber*, § 204, Rn. 45 ff.

b) Rechtfertigungsgründe und ihre (fehlende) Entsprechung in der betrieblichen Realität

Die Feststellung, dass ein etwaiges Tarifeinheitsgesetz in jedem Fall rechtfertigungsbedürftig ist, leitet zu der Frage über, ob sich ein derartiges Gesetz auf der Rechtfertigungsebene verteidigen ließe. Ausgangspunkt ist dabei, dass das Grundrecht aus Art. 9 Abs. 3 GG natürlich nicht grenzenlos besteht. Vielmehr kann die Koalitionsfreiheit, wie auch jedes andere Grundrecht, mit Rücksicht auf kollidierende Grundrechte Dritter, sowie andere Rechtsgüter von Verfassungsrang eingeschränkt werden. Zwischen den bei einem Spartenarbeitskampf kollidierenden Rechtspositionen ist also ein Ausgleich in Form praktischer Konkordanz herzustellen.

Die zentrale Überlegung an dieser Stelle ist ohne Zweifel die Notwendigkeit, die Funktionsfähigkeit der Tarifautonomie abzusichern. Oder anders gewendet: Die Tarifeinheit wäre dann rechtfertigbar, wenn Gewerkschafts- und Tarifpluralitäten die Tarifautonomie in ihrer Funktionsfähigkeit gefährden. Genau daran knüpfen die Befürworter einer Tarifeinheit an und verweisen dabei auf die eingangs (III.1.) dargestellten Risikoszenarien, also auf die Gefahr einer Zersplitterung der Gewerkschaftslandschaft, der Entsolidarisierung der Belegschaften, eines erheblichen Verlusts an Kampfparität, eines gegenseitigen Überbietungswettbewerbs konkurrierender Gewerkschaften, permanenter Arbeitskämpfe von Splittergruppen und des Verlusts der friedensstiftenden Funktion von Tarifverträgen. Im Bereich der Daseinsvorsorge kommt das Interesse der Allgemeinheit an einer möglichst störungsfreien Aufrechterhaltung einer Grundversorgung mit Leistungen der Daseinsvorsorge hinzu, wobei die damit zusammenhängenden Probleme hier aber nicht weiter vertieft werden sollen.[31]

---

31 Wenn man diesen Rechtfertigungsgrund heranzieht, müsste man insoweit freilich erst einmal die Frage beantworten, dass wenn mit Rücksicht auf überragende Rechtsgüter der Allgemeinheit in Arbeitskämpfe eingegriffen werden darf, es nicht sein kann, dass es dann der Arbeitgeberseite überlassen bleiben soll, ob sie auch tatsächlich gegen einen Arbeitskampf vorgehen möchte, der die Allgemeinheit schädigt. Warum soll sie sich überhaupt als „Prozessstandschafter" auf entsprechende Drittinteressen berufen können? Arbeitgeber werden zwar häufig ein eigenes wirtschaftliches Interesse an der Aufrechterhaltung des Betriebs haben und daher eine Unterlassungsverfügung gegen die Gewerkschaft anstreben. Das kann, muss aber nicht so sein. So mag dem Arbeitgeber die Leistungserbringung ungeachtet etwaiger Ersatzansprüche von Kunden oder von Auftrags- bzw. Konzessionsgebern als wirtschaftlich uninteressant erscheinen, etwa weil diese stark defizitär ist. Aber auch kampf-

In der Tat: Das klingt besorgniserregend. Doch ist es wirklich so? Sieht man näher hin, zeigt sich rasch, dass das nicht der Fall ist. Vielmehr vermengt diese Argumentation unterschiedliche Dinge miteinander und zeichnet so Risiken, die in der Realität keine Entsprechung finden. Denn es ist eine Sache, dass man eine Zersplitterung der Gewerkschaftslandschaft bzw. des Tarifgeschehens ebenso wenig hinnehmen kann, wie etwa permanente Arbeitskämpfe und Kleinstgruppenstreiks. Eine andere Sache ist dagegen, dass ein undifferenziertes Tarifeinheitsgesetz sämtliche Tarifeinheiten gleich mit beseitigen würde und damit auch solche, die sich in der Praxis durchaus gut eingespielt haben. So würde ein derartiges Gesetz eben keineswegs nur Arbeitskämpfen kleiner Splittergruppen entgegen wirken, sondern auch etablierten großen Berufsgruppengewerkschaften ihr Verhandlungsmandat nehmen. Diese bedrohen aber die Funktionsfähigkeit der Tarifautonomie in keiner Weise. Sie machen Tarifverhandlungen für die Arbeitgeberseite sicher schwieriger und ohne Zweifel wäre es für diese leichter, müssten sie sich nur mit einem Verhandlungspartner auseinandersetzen. Das aber sind reine Praktikabilitätserwägungen, die zur Rechtfertigung eines massiven Grundrechtseingriffs nicht herhalten können. Nur weil etwas nicht angenehm oder nicht schön ist, lässt es sich nicht gleich verbieten. Das markante an dieser Argumentationslinie ist also, dass auf der Eingriffsebene ein Gefährdungspotential gezeichnet wird, das es zwar durchaus gibt, das aber eben nur einen Teil des Grundrechtseingriffs abdeckt. Der größere Teil des Grundrechtseingriffs bleibt dagegen rechtfertigungslos.

So hat sich etwa der Koalitionswettbewerb zwischen ver.di und dem Marburger Bund eingespielt und gehört in Kliniken und Krankenhäusern längst zum arbeitsrechtlichen Alltag. Arbeitgeber sind dort überwiegend dazu übergegangen, Ärzten, die in der Patientenversorgung tätig sind, Verweisungsklauseln auf den TV-Ärzte anzubieten und zugleich eine Option auf den TVöD, sollte der Arzt ver.di-Mitglied sein bzw. die Anwendung des TVöD/TvL-K wünschen.[32] Auch im kommunalen Verkehrsbereich schei-

taktische Überlegungen könnten den Arbeitgeber veranlassen, auf den Abschluss einer Notstandsvereinbarung zu verzichten. Möglicherweise hat er sogar ein Interesse an einem möglichst umfassenden Arbeitskampf, etwa weil er hofft, dass die Gewerkschaft diesen nicht lange durchhalten wird oder aber, weil er auf die „Unterstützung" durch die öffentliche Meinung baut.

32 S. *Litschen*, ZTR 2007, S. 230 (231); Empfehlung der VKA, Rundschreiben R 14/2007 v. 10. 1. 2007 und R 413/2006 v. 18.12.2006 und bereits meine Analyse in NZA 2009, S. 935.

nen sich entsprechende Differenzierungen nach der Berufsgruppenzugehörigkeit herausgebildet zu haben[33] und auch sonst sind in der Praxis zahlreiche tarifautonome Kooperationen vorzufinden,[34] mit denen Arbeitgeber und die beteiligten Gewerkschaften die widerspruchsfreie Durchführung miteinander konkurrierender Tarifverträge absichern wollen.

c) Fehlende Geeignetheit oder: Warum der Grundsatz der Tarifeinheit in der Praxis nicht funktionieren kann

Wie aufgezeigt ist die Funktionsfähigkeit der Tarifautonomie alleine durch die Tatsache, dass es Gewerkschaftspluralitäten gibt, nicht gefährdet. Daher ist eine Regelung, die im Arbeitsleben ganz generell Tarifeinheit anordnet, nicht erforderlich. Unterstellen wir aber für einen Moment, dass dem nicht so wäre, also dass Arbeitskampf- und Tarifpluralitäten die Funktionsfähigkeit der Tarifautonomie tatsächlich beeinträchtigen könnten und fragen wir, ob der Grundsatz der Tarifeinheit dann überhaupt geeignet wäre, um die Bestandsfähigkeit der Tarifautonomie abzusichern. Das ist keineswegs nur von akademischem Interesse, vielmehr ist es – wie im Weiteren noch zu zeigen sein wird – durchaus denkbar, dass Arbeitskämpfe von Kleinst- und Splittergruppen, die Tariflandschaft sehr wohl in eine Schieflage bringen könnten. Es geht mit anderen Worten darum, ob ein Einheitsgesetz überhaupt dazu in der Lage wäre, etwaigen Problemen eines überschießenden Koalitionswettbewerbs entgegen zu wirken. Man kann es vorwegnehmen: Das ist nicht der Fall.

aa) Ausgangspunkt und bisherige Erfahrungen

Die Formel der Befürworter der Tarifeinheit ist folgende: Kann im Betrieb nur ein Tarifvertrag gelten, so kann konsequenterweise auch nur einer erstreikt werden. Ein Streik um einen Tarifvertrag, der im Betrieb ohnehin nicht zur Geltung kommt, wäre unverhältnismäßig. Alternativ oder kumulativ zu einem Unterlassungsanspruch wegen Unverhältnismäßigkeit wäre auch denkbar, dass der Gesetzgeber die Friedenspflicht des „Mehrheitsta-

33 S. dazu die Analyse von *Reichold*, öAT 2010, S. 219.

34 Begriff geprägt von *Reichold*, öAT 2010, S. 219 (221 f.); in der Tendenz bereits auch: *Hanau*, RdA 2008, S. 98 (104).

rifvertrags“ per gesetzliche Anordnung auf Minderheitsgewerkschaften erstreckt.[35] Doch ist es wirklich so, dass sich der Arbeitgeber darauf verlassen könnte, dass er sich im Betrieb nur mit einer Gewerkschaft bzw. einer Tarifgemeinschaft aus mehreren Gewerkschaften auseinandersetzen muss und dass während der Laufzeit eines einmal abgeschlossenen Tarifvertrags im Unternehmen Frieden herrscht?

Die Befürworter der Tarifeinheit verweisen an dieser Stelle gerne darauf, dass das BAG bis zur Rechtsprechungsänderung im Jahr 2010[36] am Grundsatz der Tarifeinheit festhielt und es daher damals keine unerträglichen Arbeitskampfpluralitäten gegeben habe. Freilich ist diese Annahme zumindest teilweise hypothetischer Natur, weil wir natürlich nicht wissen, was gewesen wäre, wenn das BAG den Grundsatz der Tarifeinheit nicht vertreten hätte. Denn nirgends ist gesagt, dass es dann wirklich zu nicht hinnehmbaren tarifpluralen Arbeitskämpfen gekommen wäre.

Dabei ist es noch nicht einmal so, dass das BAG den Grundsatz der Tarifeinheit derart apodiktisch vertreten hätte, wie er in einem etwaigen Tarifeinheitsgesetz gefasst wäre. Richtig ist, dass in fast allen „zeitgenössischen“ Lehrbüchern, Monografien und Kommentierungen davon die Rede war, dass das BAG sich für den Grundsatz der Tarifeinheit aussprechen würde (was fast überwiegend kritisiert wurde), doch findet sich dieser in der Rechtsprechung eher als Formel, indes nicht als weitreichender Rechtssatz. Das BAG hat in einer Vielzahl von Urteilen zwar davon gesprochen, dass Tarifpluralitäten im Betrieb aufzulösen sind. Doch lagen den einschlägigen Entscheidungen fast ausnahmslos eher „belanglose“ Tarifpluralitäten zu Grunde,[37] die auf Grund äußerer, mehr oder weniger „zufälliger“ Umstände eingetreten waren (Allgemeinverbindlicherklärung eines anderen Tarifvertrags, Branchenwechsel, Betriebsübergang). Nicht selten ging es um kaum mehr, als dass ein mittelständischer Metallbetrieb, der sich „freiwillig“ an Tarifverträge der Metallindustrie gebunden hatte, seine Leistungen aber

---

35 So der gemeinsame Vorschlag des BDA und des DGB für eine gesetzliche Regelung der Tarifeinheit, ZTR 2010, S. 352, Ziff. 3 und § 4a des (möglichen) Entwurfs, zitiert nach *Reichold*, (Fn. 21), S. 5.

36 BAG v. 27.1.2010, NZA 2010, 645 (Anfrage des 4. beim 10. Senat); BAG v. 23.6.2010, NZA 2010, 778 (endgültiger Beschluss).

37 BAG v. 4.12.2002, NZA 2003, 632 (Ls.) = AP TVG § 4 Tarifkonkurrenz Nr. 28: BRTV Bau./. Spartentarifvertrag Metallhandwerk; BAGE 75, 298 = NZA 1994, 1038: BRTV Bau./. MTV für die Land- und Forstwirtschaft; BAG v. 5.9.1990, NZA 1991, 202: allgemeinverbindlicher TV für Zeitschriftenverlage./. MTV Buchhandel; BAGE 64, 88 = NZA 1990, 450; BAGE 62, 210 = NZA 1990, 325.

überwiegend auf Baustellen erbrachte und deshalb in den Anwendungsbereich der Bautarifverträge fiel, nicht zu Beitragsleistungen zur SOKA Bau[38] herangezogen werden sollte. Dagegen hatte das BAG, von einer Ausnahme abgesehen, nie über die Auflösung „ernsthafter" Gewerkschafts- und Tarifkonkurrenzen entschieden.

Es kommt noch hinzu, dass die Rechtsprechung zur Auflösung von Tarifmehrheiten bislang nicht auf das Mehrheitsprinzip, sondern auf den Spezialitätsgrundsatz zurückgegriffen hat. Dieser macht sich aber anders als das Mehrheitsprinzip nicht an „harten" Zahlenparametern fest, sondern räumt dem Richter einen sehr weiten Wertungsspielraum ein. Verfassungsrechtlich macht das die Angelegenheit zwar noch bedenklicher, weil der Spezialitätsgrundsatz den Richter zu einer wertenden Betrachtung einlädt,[39] umgekehrt lässt sich mit ihm Tarifeinheit in der Praxis aber vielleicht noch handhaben, weil sich immerhin am Ende des Tages eine Entscheidung fällen lässt, welche Gewerkschaft sich im Betrieb durchsetzt, mag diese dann auch vom subjektiven Gefühl des Richters abhängen, welcher Tarifvertrag am besten zum umkämpften Betrieb passt.

Vor allem aber findet sich keine einzige Entscheidung des BAG, in der das Gericht den Grundsatz der Tarifeinheit auch auf das Arbeitskampfrecht erstreckt hätte. Nun liegt die Annahme, dass ein Tarifvertrag, der im Betrieb nicht gelten wird, auch nicht erstreikt werden darf, vielleicht nicht fern, doch ist es nicht so, dass das die „frühere Rechtsprechung des BAG" gewesen wäre. Vielmehr war es im Umfeld der beiden Lokomotivführerstreiks 2003 und 2007[40] sogar außerordentlich umstritten, ob eine Minderheitsgewerkschaft nicht auch dann streiken darf, wenn es beim Stand der Dinge unwahrscheinlich erscheint, dass ihr Tarifvertrag im Betrieb jemals zur Anwendung kommen wird.

Das würde natürlich nicht ausschließen, nun per Gesetz einen umfassenden Grundsatz der Tarifeinheit einzuführen. Doch muss man sich vor Augen führen, dass wir eben über keinerlei Erfahrungen darüber verfügen, welche Auswirkungen eine rechtlich bindende Tarifeinheit im Arbeitsleben hätte

---

38 Sozialkasse der Bauwirtschaft. Bei dieser handelt es sich um die gemeinsame Urlaubs-, Lohnausgleichs- und Zusatzversorgungskasse der Tarifpartner der Bauwirtschaft, zu der sämtliche Bauarbeitgeber aufgrund für allgemeinverbindlich erklärter Tarifverträge beitragsverpflichtet sind.

39 *Rieble*, Arbeitsmarkt und Wettbewerb, 1996, Rdnr. 1813.

40 LAG Sachsen v. 2.11.2007, 7 SaGa 19/07, NZA 2008, 59; LAG Hessen v. 2.5.2003, 9 SaGa 638/03, BB 2003, 1229; S. dazu auch: *Buchner*, BB 2003, S. 2121.

und ob sie die gehegten Erwartungen überhaupt erfüllen könnte. Wenn es bis zu Beginn der 2000er Jahre keine nennenswerten Arbeitskampfpluralitäten gegeben hat, dann nicht wegen des (vermeintlichen) Grundsatzes der Tarifeinheit, sondern deshalb, weil es entweder gar keine miteinander konkurrierenden Gewerkschaften gab oder konkurrierende Gewerkschaften auf freiwilliger Basis miteinander Tarifgemeinschaften gebildet hatten. Allenfalls was die ersten Gehversuche von Spartengewerkschaften in den 2000er Jahren betrifft, hatte der Grundsatz der Tarifeinheit insoweit eine gewisse domestizierende Wirkung, als die Arbeitgeberseite mit der Drohung auf eine gerichtliche Auseinandersetzung, in der die Reichweite der Tarifeinheit ausgetestet werden würde, einen gewissen psychologischen Druck auf die kampfführenden Gewerkschaften ausüben konnte.

bb) Undurchführbarkeit in der täglichen Tarifpraxis?

Der Grundsatz der Tarifeinheit kann in der arbeitsrechtlichen und betrieblichen Praxis gar nicht das einlösen, was er auf den ersten Blick verspricht. Das zeigen die nachstehenden Überlegungen. Sie basieren auf dem 2010 gemeinsam von BDA und DGB erarbeiteten Entwurf eines Tarifeinheitsgesetzes.[41] Danach würde der Gesetzgeber anordnen, dass in einem Betrieb stets nur ein Tarifvertrag zur Anwendung gelangen kann. Sind mehrere Tarifverträge konkurrierender Gewerkschaften vorhanden, setzt sich der Tarifvertrag derjenigen Gewerkschaft durch, die die Mehrheit der Arbeitnehmer im Betrieb organisiert. Maßgeblich sind also die konkreten Vertretungsverhältnisse im Betrieb („Repräsentationsprinzip"). Im Ergebnis soll dann auch nur diese Gewerkschaft streikberechtigt sein.

1. Mit dem Mehrheitsprinzip steht und fällt die Umsetzbarkeit eines Tarifeinheitsgesetzes mit der Feststellung, welche Gewerkschaft im Betrieb über die höheren Mitgliederzahlen verfügt. Nun ist zwar einzuräumen, dass das Repräsentationsprinzip seit einiger Zeit – wenngleich teils in anderem Zusammenhang – in der Literatur, mittelbar aber auch in der

41 Ausgangspunkt ist dabei einerseits das Eckpunktepapier von BDA und DGB vom 4.6.2010, sowie die Wiedergabe eines möglichen Gesetzestextes in den Gutachten von *Waas,* (Fn. 21), S. 7 und *Reichold,* (Fn. 21), S. 5.

Rechtsprechung,[42] durchaus Anklang gefunden hat. Doch bleiben, jedenfalls in vorliegendem Zusammenhang, ganz erhebliche Zweifel, ob sich die Mehrheitsverhältnisse im Betrieb so verlässlich ermitteln lassen, dass diese eine valide Basis für eine derart weitreichende Entscheidung hergeben.

2. Zweifel bestehen schon deshalb, weil Gewerkschaften ganz grundsätzlich kein Interesse daran haben, ihren Mitgliederbestand zu offenbaren und die Namen ihrer Mitglieder aktenkundig zu machen. Der DGB-BDA Entwurf behilft sich mit § 58 Abs. 3 ArbGG-E, wonach ein Notar, dem entsprechende Listen vorgelegt werden sollen, die Mehrheitsverhältnisse prüfen soll.
3. Damit lassen sich aber die Probleme des Repräsentationsprinzips nicht lösen. Dafür bleiben schon in verfahrensrechtlicher Hinsicht zu viele Fragen offen: Wer etwa bestimmt den „zuständigen" Notar? Wenn ihn das angerufene Arbeitsgericht einsetzen sollte (wofür alles spricht): Ist dessen Entscheidung separat anfechtbar (entsprechend §§ 76 II S. 2 BetrVG, 87 ArbGG)? Darf das Arbeitsgericht die Richtigkeit der Feststellungen des Notars gerichtlich überprüfen bzw. dürfen diese in einer weiteren Instanz angegriffen werden? Und wenn nicht: Wäre eine derartige Externalisierung der Beweisaufnahme auf (mehr oder weniger „private") Dritte mit Art. 19 VI, 101 I GG vereinbar? Selbst aber, wenn dem Richter ein Letztprüfungsrecht zusteht, ist kaum zu erwarten, dass er die maßgeblichen Mitgliederzahlen hinreichend verlässlich ermitteln kann. Denn Unterlassungsansprüche werden fast ausnahmslos in Verfahren des einstweiligen Rechtsschutzes verfolgt werden, in denen der Tatrichter in kurzer Zeit und dies möglicherweise gar nur auf der Basis von Antrags-, Schutzschriften und eidesstattlichen Versicherungen entscheiden muss.
4. Darauf kommt es aber noch gar nicht einmal an. Einschlägige Rechtsstreite werden sich fast immer so gestalten, dass die Arbeitgeberseite vorträgt, dass eine andere Gewerkschaft in den streikbetroffenen Betrieben über mehr Mitglieder verfügt als die unmittelbar streikwillige Spar-

42 BAGE 133, 129 = NZA 2010, 712; 131, 277 = NZA 2009, 1424; im Ansatz auch bereits: BAGE 75, 298 = NZA 1994, 1038; 67, 330 = NZA 1991, 736; *Greiner*, NZA 2010, S. 743 (744); *Fitting*, 26. Aufl. 2012, § 3 Rn. 16a; DKK/*Trümner*, 13. Aufl. 2012, § 3 Rn. 157; *Däubler*, AuR 2001, S. 285 (288); *Friese*, ZfA 2003, S. 237 (272); *Spinner*, ZTR 1999, S. 546 (548); kritisch dagegen: GK-BetrVG/*Franzen*, 9. Aufl. 2010, § 3 Rn. 33, *Richardi*, BetrVG, 13. Aufl. 2012, § 3 Rn. 58.

tengewerkschaft. Die angesprochene Mehrheitsgewerkschaft ist am fraglichen Rechtsstreit aber überhaupt nicht beteiligt. Warum sollte diese dann bereit sein bzw. verpflichtet werden können, ihren Mitgliederbestand offen zu legen? Muss also der Arbeitgeber als beweispflichtige Partei darlegen, welche Arbeitnehmer in der „anderen" Gewerkschaft organisiert sind? Praktische Probleme kommen hinzu: Denn selbst wenn die Gewerkschaft Listen vorlegen würde, ist keineswegs gesichert, dass sie ihre Mitglieder, von denen sie vielleicht lediglich Namen, Beruf, Anschrift und Bankverbindung kennt, ohne weiteres auch den betreffenden Betrieben zuordnen kann.

5. Schließlich darf auch nicht übersehen werden, dass mit der faktischen Pflicht, den Mitgliederbestand zumindest gegenüber einem Notar offen zu legen, nicht nur das Koalitionsgrundrecht der beteiligten Gewerkschaften tangiert ist, sondern auch in das individuelle Koalitionsgrundrecht der betroffenen Arbeitnehmer und in deren allgemeines Persönlichkeitsrecht bzw. ihr Recht auf informationelle Selbstbestimmung eingriffen wird. Denn es steht ja mitnichten fest, dass diese ihre Gewerkschaftsmitgliedschaft offenbaren wollen, zumal dann nicht, wenn sie Mitglieder der „anderen" Gewerkschaft sind, also derjenigen, die nicht zum Streik aufruft. Wenn man über die Verfassungskonformität eines Tarifeinheitsgesetzes diskutiert, müsste also auch geprüft werden, ob es Arbeitnehmer hinnehmen müssen, dass ihre Gewerkschaftsmitgliedschaft deshalb publik gemacht werden darf, damit der Arbeitgeber einen bevorstehenden Arbeitskampf einer Konkurrenzgewerkschaft abwehren kann.
6. Werden Unterlassungsklagen nicht pauschal entschieden, sondern (etwa nach einer ersten einstweiligen Verfügung) durch die Gerichte intensiv angegangen, werden sich diese erheblich in die Länge ziehen. Der kampfführenden Gewerkschaft wäre eine Mobilisierung ihrer Mitglieder zumindest erheblich erschwert, so dass die Arbeitgeberseite aus einem Arbeitskampf erst einmal die „Luft herauslassen" kann, indem sie die Vertretungsstellung der streikwilligen Gewerkschaft anzweifelt. Bedenken wirft das vor allem in langfristiger Perspektive auf. Denn bislang war es in Zusammenhang mit Arbeitskämpfen nur ganz sporadisch zu gerichtlichen Auseinandersetzungen gekommen. Tarifkonflikte wurden auf dem Verhandlungsweg oder eben, pointiert formuliert, auf dem arbeitskampfrechtlichen Schlachtfeld ausgetragen, aber nicht vor Gericht. Das war nicht nur mit Blick auf die Verfassungsgarantie des Art. 9 Abs. 3 GG gut so, sondern auch deshalb, weil die Richtigkeitsgewähr des

Tarifvertrags gerade darauf basiert, dass Tarifverhandlungen privatautonom, im freien Spiel der Kräfte und vor allem staatsfern stattfinden. Daher steht zu besorgen, dass die mit der Tarifeinheit verbundene Judizierbarkeit des Spartenarbeitskampfs das Gesicht des Arbeitskampfrechts insgesamt verändern wird und zwar möglicherweise mit Folgen auch für große Industrieverbandsgewerkschaften.

7. Was in der Diskussion häufig übersehen wird: Maßgeblich sind die Mehrheitsverhältnisse im *Betrieb*. Diese können im Tarifgebiet aber von Betrieb zu Betrieb variieren. Es ist also nicht so, dass der Richter lediglich pauschal feststellen müsste, dass eine andere Gewerkschaft „in der Mehrheit" ist. Vielmehr müsste er für seinen gesamten Gerichtsbezirk Betrieb für Betrieb abklopfen und daher unter Umständen für mehrere Hundert Betriebe die Mehrheiten ermitteln (so etwa bei einem länderweiten Arbeitskampf in kommunalen Krankenhäusern). Sind nach dem Geschäftsverteilungsplan gar verschiedene Kammern eines Gerichts zuständig oder klagt die Arbeitgeberseite nicht am Sitz der Gewerkschaft, sondern über den Deliktsgerichtsstand bei mehreren Arbeitsgerichten, potenziert sich diese Problematik.
8. Und was gilt eigentlich, wenn sich im Tarifgebiet von Betrieb zu Betrieb unterschiedliche Mehrheiten ergeben? Darf die kampfwillige Gewerkschaft, wenn sie nur in einem Teil der Betriebe des Tarifgebiets über eine Mehrheit verfügt, dann gar nicht oder wenigstens in den Betrieben streiken, in denen sie die Mehrheit der Beschäftigten stellt? Und falls ja: Darf sie in diesen streiken, um einen Tarifabschluss für das gesamte Tarifgebiet, also auch die „Minderheitsbetriebe" zu erreichen? Das wäre noch nicht einmal ein Sympathiestreik, weil Kampfgegner und Forderungsadressat ja nichts desto trotz identisch sind, doch würde der Tarifvertrag in diesen Minderheitsbetrieben später ja nicht zur Geltung gelangen. Oder müsste die Gewerkschaft den Geltungsbereich des angestrebten Tarifvertrags auf die von ihr mehrheitlich „organisierten" Betriebe beschränken? Und wie ist zu verfahren, wenn sich die personellen Anwendungsbereiche der angestrebten Tarifverträge zwar überschneiden, aber nicht vollständig decken? Zählen dann nur die Mitglieder, die in der „personellen Schnittmenge" beider Tarifverträge tätig sind (was die Ermittelbarkeit der Mehrheitsverhältnisse weiter erschweren würde) und bleibt die „verlierende" Gewerkschaft außerhalb des Überlappungsbereichs streikberechtigt?
9. Verschärft wird die unter Ziff. 8 dargestellte Problematik dadurch, dass nie wirklich geklärt wurde, was ein Betrieb im tarifrechtlichen Sinn ei-

gentlich genau ist. Gibt es einen eigenständigen tarifrechtlichen Betriebsbegriff, ist der Betriebsbegriff des BetrVG maßgeblich, ist an der Einheit anzusetzen, für die tatsächlich ein Betriebsrat gewählt wurde (womit sich auch Modifikationen nach §§ 3, 4 S. 2 und II BetrVG auswirken würden) oder eben doch am Unternehmen? Was ist beispielsweise im öffentlichen Dienst maßgeblich: das Bundesland, die Kommune, das einzelne Krankenhaus, die Polizeidienststelle oder die Straßenmeisterei[43] (einmal nebenbei bemerkt: Soll die Tarifeinheit nicht nur in „Betrieben", sondern auch in öffentlichen „Verwaltungen" und „Dienststellen" gelten, müsste der Gesetzeswortlaut wohl noch entsprechend ausgeweitet werden). Was gilt für Gemeinschaftsbetriebe mehrerer Arbeitgeber, wie sie etwa im Klinikbereich der Länder häufig anzutreffen sind?

10. Ganz gleich, ob man am Betrieb oder am Unternehmen anknüpfen würde, bereitet so oder so große Bedenken, dass der Arbeitgeber das Unternehmen bzw. den Betrieb durch eine entsprechende gesellschaftsrechtliche Organisation bzw. einen geeigneten Zuschnitt an ihm angenehme Organisationsverhältnisse anpassen kann und daher einen erheblichen Einfluss darauf hat, welcher Gewerkschaft er sich stellen muss bzw. welcher er das Verhandlungsmandat nehmen will. Aber auch Gewerkschaften könnten versuchen, über Tarifverträge iSd. § 3 BetrVG für sie günstige Organisationsstrukturen herbeizuführen. Umgekehrt steht zu befürchten, dass sich Gewerkschaften dem Abschluss eines für das Unternehmen an sich sinnvollen Zuordnungstarifvertrags nach § 3 BetrVG deshalb verweigern könnten, weil sie fürchten, in Zukunft die Mehrheit in dem dann neu geschaffenen Betrieb zu verlieren.

11. Generell wird man fragen müssen, welcher Gewerkschaft das Vertretungsmandat bei knappen oder annähernd gleichen Mehrheitsverhältnissen zukommt. Davon abgesehen können Mehrheiten aber auch bei relativ eindeutigen Ergebnissen wechseln. Wenn eine Gewerkschaft bei einer Tarifrunde die Mehrheit im Betrieb stellte, heißt das noch lange nicht, dass das nach dem Auslaufen des abgeschlossenen Tarifvertrags wieder genau so ist. Daher ließen sich die Mehrheitsverhältnisse vor jeder Tarifrunde aufs Neue bestreiten und müssten entsprechend immer wieder überprüft werden.

---

43 S. dazu *Reichold*, öAT 2010, S. 219 (221).

12. Daran knüpft eine weitere Frage an: Wenn sich während der Laufzeit eines Tarifvertrags die Mehrheitsverhältnisse im Betrieb verändern (etwa durch Neueinstellung einer hinreichenden Zahl von Mitgliedern der bisherigen Minderheitsgewerkschaft oder durch den Gewerkschaftswechsel von Arbeitnehmern), wechselt dann auch der anzuwendende Tarifvertrag? Oder bleibt ein Tarifvertrag, soweit er sich im Betrieb durchgesetzt hat, für seine gesamte Laufzeit vorherrschend? Falls man letzteres bejaht: Gilt das auch, wenn der Tarifvertrag auf unbefristete Dauer abgeschlossen ist und über Jahre nicht gekündigt wird bzw. wenn dieser zwar aufrecht erhalten bleibt, indes inhaltlich abgeändert wird? Gegen letzteres spricht freilich, dass nach der Rspr. des BAG[44] in einem solchen Fall die Fortgeltung eines Tarifvertrags nach § 3 Abs. 3 TVG bzw. die einjährige Veränderungssperre bei der Weitergeltung nach § 613a I 2 BGB endet.
13. Probleme wird bei der Ermittlung der Mehrheitsverhältnisse auch bereiten, dass nicht eindeutig ist, wer genau mitzuzählen ist: Alle Gewerkschaftsmitglieder im Betrieb, also etwa auch Organvertreter, leitende Angestellte, Werkstudenten, Auszubildende (s. § 5 I S. 1 BetrVG einerseits und §§ 23 Abs. 1 S. 2.u. 4, 8 Abs. 7 TzBfG andererseits), Leiharbeitnehmer, Arbeitnehmerinnen in Mutterschutz, Arbeitnehmer in Elternzeit oder in der Freistellungsphase der Altersteilzeit usw.?[45] Wie sieht es mit Teilzeitmitarbeitern aus? Sind diese, wie das bei §§ 1, 5, 9 und 38 BetrVG oder 8 TzBfG der Fall ist, unabhängig von ihrer wöchentlichen Arbeitszeit nach Köpfen und nur (wie etwa im Anwendungsbereich des § 23 Abs. 1 S. 4 KSchG) mit einer Teilquote zu berücksichtigen? Wie ist im öffentlichen Dienst mit Beamten oder Arbeitnehmern zu verfahren, die dem Arbeitgeber aus einem „Pool" gestellt werden? Und vor allem: Sind Arbeitnehmerzahlen zusammenzurechnen, wenn Gewerkschaften eine Tarifgemeinschaft bilden? Falls ja: Wie ist zu verfahren, wenn die Tarifgemeinschaft wieder auseinanderbricht, dies vielleicht gar vor einem Tarifabschluss?
14. Die bislang angesprochenen Schwierigkeiten bei der Ermittlung der vertretungsrechtlich relevanten Mehrheitsverhältnisse im Betrieb (prozessuales Verfahren, divergierende, überschneidende und wechselnde Mehrheiten, temporäre Veränderungen, maßgeblicher Personenkreis usw.) zeigen zunächst eines: Wenn überhaupt, dann lässt sich die Tarif-

---

44 BAGE 130, 237 = NZA 2010, 41; BAG NZA 2009, 1304; BAGE 99, 283 = NZA 2002, 748.

45 Das fragt insb. *Rieble*, Verfassungsfragen der Tarifeinheit, 2010, S. 113.

einheit nicht mit wenigen Sätzen in einem kurzen und schlanken Gesetz regeln. Vielmehr deutet alles darauf hin, dass es dazu eines umfangreichen Regelwerks mit zahlreichen komplexen Definitionen, Tatbeständen, Untervarianten und Ausnahmen bedarf. Dies gilt umso mehr, als die Herstellung einer Tarifeinheit im Betrieb mit einem erheblichen Grundrechtseingriff für die „verlierenden" Gewerkschaften verbunden ist und der Gesetzgeber schon deshalb die wesentlichen und entscheidenden Rechtsfragen selbst regeln müsste.

15. Insoweit trügt dann auch der Hinweis, dass es zahlreiche Rechtsordnungen gäbe (u.a. USA, England, Frankreich, Spanien), deren Tarifrecht ebenfalls auf die Mehrheitsverhältnisse im Betrieb abstellt und zum anderen, dass ja auch im Geltungsbereich des AEntG auf die jeweiligen Mitgliederzahlen in der Branche abgestellt werden würde. Beide Argumente sind so nicht verifizierbar.

16. Dabei soll an dieser Stelle einmal völlig außen vor bleiben, ob die ausländischen Rechtsordnungen, die im vorliegenden Kontext auf Repräsentativitätskriterien (iwS) abstellen, das mit Erfolg tun. Der Vergleich mit diesen Rechtssystemen hinkt nämlich schon deshalb, weil dort entweder an die Wahlerfolge der Gewerkschaft bei den letzten Betriebsratswahlen angeknüpft wird (Frankreich, Spanien) oder an besondere, gewerkschaftsbezogene Wahlverfahren (USA, England). Auf diesem Wege mögen sich – vielleicht – belastbare Kennziffern feststellen lassen, aber eben nicht, indem man kurz vor einem Arbeitskampf einen Notar beauftragt, zu ermitteln, wer im Betrieb die Mehrheit stellt. Dass ein Zugriff auf die Erfolgszahlen der jeweiligen Gewerkschaft bei den letzten Betriebsratswahlen mit dem zweigleisigen System des deutschen Kollektivarbeitsrechts unvereinbar wäre, braucht wohl nicht, auch nicht vorsorglich, nachgewiesen zu werden.

17. In der Tat stellt § 7 Abs. 2 Nr. 2 AEntG auf die Repräsentativität miteinander konkurrierender Gewerkschaften ab, die erstreckungsfähige Mindestlohntarifverträge abgeschlossen haben. Doch lässt sich aus dieser Regelung nichts Verwertbares zur Tarifeinheit gewinnen. Davon abgesehen, dass von § 7 Abs. 2 Nr. 2 AEntG, soweit ersichtlich, bislang noch nie Gebrauch gemacht wurde und es daher keinerlei Erfahrungswerte gibt, ob, bzw. wie die Regelung in der Praxis funktioniert,[46] lässt sich

46 Ein (wenn auch nur ganz „kleiner") Testfall ergibt sich allerdings mittelbar in Zusammenhang mit Tariftreueerklärungen im öffentlichen Personennahverkehr und

diese in ihrer Ausgangslage und Wirkung mit einer tariflichen Einheitsregelung noch nicht einmal im Ansatz vergleichen. Im AEntG müssen lediglich die Vertretungszahlen zweier konkurrierender Gewerkschaften im gesamten Bundesgebiet ermittelt werden, doch braucht nicht der passgenaue Mitgliederbestand in mehreren hundert Betrieben eines Tarifgebiets ausgeleuchtet werden. Darüber hinaus geht es im AEntG um ein Verwaltungsverfahren mit Amtsermittlungsprinzip, in dessen Rahmen das BMAS seine Auswahlentscheidung – anders als ein Arbeitsgericht bei einem bevorstehenden Arbeitskampf – mit viel Zeit treffen und daher die ihm zur Verfügung stehenden Zahlen genau prüfen kann. Auch rein faktisch fällt die Ermittlung der Mehrheitsverhältnisse in einer ganzen Branche erheblich leichter, weil sich in den wenigen echten Konfliktfällen geradezu aufdrängen wird, dass etwa ver.di über mehr Mitglieder verfügt als die kleine (Nicht-)Gewerkschaft[47] der Neuen Brief- und Zustelldienste. Die unterlegene Gewerkschaft kann sich mit Rechtsmitteln gegen die Erstreckung des anderen Tarifvertrags zu Wehr setzen, für sie ist erst einmal nichts verloren.

18. Vor allem aber führt eine Erstreckungsanordnung nach dem AEntG lediglich dazu, dass ein Tarifvertrag ausgewählt wird, der in einer Branche nichts weiter als einen verbindlichen Mindestlohn vorgibt. Ansonsten bleibt es der unterlegenen Konkurrenzgewerkschaften aber völlig unbenommen, außerhalb des AEntG auch weiterhin nach Belieben Tarifverträge abzuschließen, die die gesamte Bandbreite von Lohn- und Arbeitsbedingungen abdecken. Dieser bleibt daher das Regelungsmandat nahezu vollständig erhalten. Völlig konträr liegen dagegen die Dinge bei der Tarifeinheit: Sie nimmt der unterlegenen Gewerkschaft ihren koalitionären Vertretungsanspruch komplett.

19. Dadurch, dass sich die Diskussion sehr stark auf Unterlassungsansprüche des Arbeitgebers bei Streiks fokussiert, tritt zu sehr in den Hintergrund, dass sich die mit der Tarifeinheit verbundenen Probleme durchaus auch auf der individualrechtlichen Ebene stellen können. Der Grundsatz der Tarifeinheit versagt einem „Minderheitstarifvertrag" zwar jeden tarifrechtlichen Geltungsanspruch im Betrieb, verhindert aber keineswegs, dass rein tatsächlich dennoch mehrere Tarifverträge existieren, die in

---

insoweit mit §§ 2 II, 4 II, 21 I und II TVgG NRW. S. dazu die Klage des AGVDE v. 6.3.2013, abrufbar unter http://www.agvde.de/service/news_allg/downloads/klageschrift_wm_9.pdf.

47 S. LAG Köln, 20.5.2009, 9 TaBV 105/08, AuR 2009, 269.

einem Betrieb zur Anwendung gelangen *könnten*. Etwa: Der Arbeitgeber gehört einem Verband an, der mit konkurrierenden Gewerkschaften Tarifverträge abschließt, die in den Mitgliedsunternehmen abhängig von den dort vorherrschenden Mehrheitsverhältnissen gelten sollen. Entsteht in der Folge zwischen den Arbeitsvertragsparteien Streit darüber, welche Gewerkschaft im Betrieb die Mehrheit stellt und damit, welcher Tarifvertrag auf das fragliche Arbeitsverhältnis anzuwenden ist und klagt der Arbeitnehmer daher auf Anwendung des „anderen" Tarifvertrags, müsste er in einem Individualprozess darlegen und beweisen, dass „seine" Gewerkschaft die Mehrheit im Betrieb stellt. Ein ähnliches Szenario kann sich über § 99 BetrVG auf der mitbestimmungsrechtlichen Ebene ergeben.

20. Man mag überlegen, ob sich die in den vorstehenden Ziffern dargestellten Probleme, vielleicht über die Einführung eines Verfahrens mit präjudizieller Wirkung gegenüber jedermann entsprechend §§ 2 Abs. 1 Nr. 4, 97 ArbGG lösen ließen. Das indes erscheint kaum möglich. Es macht eben einen gravierenden Unterschied, ob alle paar Jahre einmal – mit viel Zeit – über die Tariffähigkeit einer Gewerkschaft entschieden werden muss oder ob für vermutlich mehrere hundert oder gar tausend Betriebe kontinuierlich die vertretungsrechtlichen Mehrheitsverhältnisse ermittelt werden müssen.

21. Sollte eine Berufsgruppengewerkschaft in bestimmten Betrieben die Mehrheit haben (wie etwa der Marburger Bund in vielen Kliniken), stellt sich die Frage, welche tariflichen Arbeitsbedingungen dann für die „übrige" Belegschaft gelten, die ja von der „Mehrheitsgewerkschaft" nicht vertreten wird (also etwa für das Pflege- und Verwaltungspersonal).[48] Selbst die von den Einheitsbefürwortern häufig vorgeschlagene Regelung, wonach der Arbeitgeber nur dann auf den Grundsatz der Tarifeinheit rekurrieren kann, wenn er der Gesamtbelegschaft Bezugnahmeklauseln auf den „obsiegenden" Tarifvertrag anbietet, damit sämtliche Arbeitnehmer des Betriebs wenigstens auf schuldrechtlicher Basis in den Genuss tariflicher Arbeitsbedingungen gelangen, würde ja nicht weiter helfen, weil die betroffenen Belegschaftsteile nicht in den personellen Geltungsbereichs des Berufsgruppentarifvertrags fallen.

48 So bereits: *Greiner*, NZA 2010, S. 743 (744), der im Übrigen allerdings für das Mehrheitsprinzip im Überschneidungsbereich eintritt.

22. Müssen konkurrierende Gewerkschaften Mehrheiten in Betrieben erreichen, um für diese Tarifverträge abschließen zu können, werden Spartengewerkschaften vermehrt versuchen, ihren satzungsgemäßen Zuständigkeitsbereich so auszuweiten, dass sie im Betrieb möglichst viele Arbeitnehmer abdecken (Beispiel: Öffnung der GdL für das gesamte „Fahrpersonal“ der Eisenbahnen). Größeren Spartengewerkschaften dürfte das auch unproblematisch möglich sein, ohne dass sie befürchten müssten, dass sie ihre Tariffähigkeit infolge der Ausweitung verlieren. Denkbar wäre freilich auch, dass Spartengewerkschaften besonders hohe Tarifforderungen stellen oder organisationspolitisch motivierte Arbeitskämpfe führen, um die nötigen Mehrheiten zu erreichen. Dazu war es ja gerade in den „Anfangsjahren“ der Tarifpluralität vor knapp zehn Jahren gekommen, in denen Spartengewerkschaften versucht hatten, auf diesem Wege die damals noch (behauptete) Tarifeinheit zu durchbrechen. Beides wird dem mit der Tarifeinheit eigentlich intendierten Ziel der Sicherung des Tariffriedens in hohem Maße abträglich sein.
23. Tarifpluralitäten beschränken sich zwar nicht auf die öffentliche Daseinsvorsorge, doch ist gerade dieser Bereich des Wirtschaftslebens besonders prominent durch Gewerkschaftspluralitäten geprägt. In der Folge werden in der Diskussion nicht nur häufig Arbeitskämpfe in der Daseinsvorsorge und Streiks von Berufsgruppengewerkschaft gleichgesetzt, sondern davon ausgehend wird auch angenommen, dass die mit etwaigen überschießenden Auseinandersetzungen im Bereich des „service publique“ verbundenen Belastungen für die Allgemeinheit (soweit überhaupt vorhanden) sich dadurch in den Griff bekommen ließen, dass Tarifpluralitäten unterbunden werden.
24. Genau das aber erweist sich als eine nicht zutreffende Pauschalisierung. Ein überbordender Streik, der zu einem totalen Zusammenbruch einer wichtigen Versorgungsleistung führt, bleibt ja auch dann gemeinwohlschädlich, wenn er durch die Mehrheitsgewerkschaft bzw. die einzige in der Branche vertretene Gewerkschaft durchgeführt wird. Der Grundsatz der Tarifeinheit könnte allenfalls die Anzahl von Arbeitskämpfen im Bereich der Daseinsvorsorge reduzieren, diese aber nicht insgesamt verhindern (was im Großen und Ganzen auch gar nicht notwendig ist, weil die Tarifpartner im Regelfall über den Abschluss von Notstandsvereinbarungen ein hinreichendes Verantwortungsbewusstsein zeigen und eine angemessene Grundversorgung der Bevölkerung regelmäßig sicherstellen). Wer überbordende Arbeitskämpfe im Bereich der Daseinsvorsorge regulieren möchte, darf nicht den Gewerkschaftswettbewerb beschrän-

ken, sondern muss zielgerichtet Spielregeln für Arbeitskämpfe in diesem Sektor anordnen.

25. Davon abgesehen würde ein Einheitsgesetz in einigen Branchen, wie etwa bei der Flugsicherung, aller Voraussicht nach aber auch deshalb wirkungslos bleiben, weil die „tonangebenden" Spartengewerkschaften dort ohnehin die Mehrheit in den Betrieben stellen. Tarifeinheit hilft dort (allenfalls) nur dann, wenn die Arbeitgeber gleichzeitig die Aufspaltung der Unternehmen und Betriebe in viele Teilorganisationseinheiten rückgängig machen und sich wieder in größeren Unternehmens- und Betriebseinheiten organisieren würden.

cc) Fazit

Tarifeinheit im Betrieb (oder besser: in der gesamten Branche) ist ein in jeder Hinsicht wünschenswerter Zustand. Diese ist aber nur auf der Basis einer freiwilligen Kooperation der jeweils konkurrierenden Gewerkschaften möglich. Die Bildung von Tarifgemeinschaften funktioniert nur auf Basis eines autonomen Entschlusses konkurrierender Gewerkschaften. Eine staatlich verordnete Tarifeinheit wird dagegen kaum erfolgreich sein, weil sie sich in der Praxis nicht realisieren lässt.

5. Fehlende Verhältnismäßigkeit, mildere Mittel und alternative Lösungsansätze

a) Probleme einer gesetzlich angeordneten Tarifeinheit

Der Grundsatz der Tarifeinheit ist schon deshalb nicht verhältnismäßig, weil er insoweit über das Ziel hinausschießt, als er sich sowohl auf das Arbeitskampf- als auch auf das Tarifrecht erstreckt. Selbst wenn man tatsächlich davon überzeugt wäre, dass es der Tarifeinheit bedürfte, um die Funktionsfähigkeit der Tarifautonomie im Arbeitsleben abzusichern, würde völlig ausreichen, wenn der Gesetzgeber die Kampfbefugnis von „Minderheitsgewerkschaften" einschränken würde. Denn die behaupteten Unzuträglichkeiten, die mit Gewerkschaftspluralitäten verbunden sein sollen, bewegen sich ja allesamt auf der arbeitskampfrechtlichen Ebene. Schließt dagegen der Arbeitgeber oder sein Verband freiwillig mit einer „Minderheitsgewerkschaft" einen Tarifvertrag, dann spricht nichts, aber auch gar nichts dagegen, dass er den einmal abgeschlossenen Tarifvertrag im Betrieb auch anwenden muss. Auf tarifrechtlicher Ebene wirkt Tarifeinheit wie eine Art „Haustürwiderruf“, weil dem Arbeitgeber möglich wäre, mit jeder Gewerkschaft nach Belieben Tarifverträge abzuschließen und hinterher zu entscheiden, ob er diese denn nun auch anwenden will oder nicht. Offenbar geht der DGB/ BDA-Vorschlag (dort: § 4a Abs. 2 TVG) davon aus, dass Arbeitskämpfen von Minderheitsgewerkschaften nur entgegen gewirkt werden kann, indem die Friedenspflicht aus dem „obsiegenden Mehrheitstarifvertrag“ auf die kleineren Konkurrenzgewerkschaften des Betriebs erstreckt wird. Das ist indes nicht der Fall. Wenn der Gesetzgeber nämlich das Arbeitskampfrecht selbst in die Hand nehmen würde und entsprechende Regelungen erlässt, bräuchte er sich nicht der Hilfskonstruktion der Friedenspflicht bedienen. Vielmehr könnte er schlicht anordnen, dass entsprechende Streiks unzulässig sind und das Tarifrecht dagegen unberührt lassen.

b) Verhinderungen von Kleinstgruppenstreiks

aa) Erhöhung der Anforderungen an die Tariffähigkeit von Gewerkschaften

Wenngleich die Aussage, dass Gewerkschaftspluralitäten an sich zu einer Gefahr für die Funktionsfähigkeit der Tarifautonomie werden könnten, sich also nicht verifizieren lässt, ist es umgekehrt auch nicht so, dass die Arbeitsrechtsordnung völlig aus dem Ruder laufende Arbeitskämpfe von Berufsgruppen- und Minderheitsgewerkschaften wahllos hinnehmen könnte.

Dem Gesetzgeber steht im Bereich der Arbeits- und Wirtschaftsbedingungen ein relativ großer Einschätzungs- und Beurteilungsspielraum zu. Daraus folgt, dass, selbst wenn man die bislang zu verzeichnenden Kleingruppenstreiks lediglich als Randerscheinung ansehen würde und daher keine begründete Prognose dafür erkennt, dass es in der näheren Zukunft zu einer großen Anzahl von Kleingruppenstreiks kommen wird, der Gesetzgeber dennoch Vorsorge treffen könnte, um derartige Arbeitskämpfe abzuwehren, weil insoweit bereits die abstrakte Annahme ausreicht, dass die friedensstiftende Funktion der Tarifautonomie durch häufige Arbeitskämpfe von Splittergruppen Schaden nehmen könnte.

Dabei ist das Risiko, dass Kleinstgruppenstreiks zu einer Zersplitterung der Tarifautonomie führen könnten, keineswegs nur abstrakter Natur. Denn tatsächlich haben sich in den vergangenen Jahren vor allem im Bereich der öffentlichen Daseinsvorsorge zahlreiche Kleingewerkschaften formiert

(Beitritt der Flughafenfeuerwehrleute zu Comba, Gründung von Contterm, Neue Assekuranz Gewerkschaft, Technik Gewerkschaft Luftfahrt, Gewerkschaft der Servicekräfte), die durchaus in der Lage sein könnten, mit der Forderung nach einem Tarifabschluss für eine relativ kleine Beschäftigtengruppe zumindest die eigene Branche lahm zu legen, darüber hinaus zuweilen aber auch große Bereiche des öffentlichen Lebens, so dass es auf diese Weise durchaus zu einer signifikanten Störung des Arbeits- und Wirtschaftslebens kommen könnte. Das gleiche gilt aber auch für Streiks tradierter Berufsgruppengewerkschaften, mit denen jene den Abschluss eines Tarifvertrags für eine lediglich relativ kleine Beschäftigtengruppe anstreben, wie etwa die Arbeitskämpfe der Vorfeldfluglotsen bei Fraport zeigen.

Ein entscheidendes Korrektiv zur Verhinderung derartiger Splittergruppenstreiks wäre indes nicht die Herstellung einer partiellen Tarifeinheit im Bereich des Arbeitskampfrechts, sondern zunächst einmal die sorgfältige Überprüfung der Tariffähigkeit von Arbeitnehmerkoalitionen.

Dabei hatte die Rechtsprechung bis zu Beginn der 2000er Jahre ja noch durchaus hohe Anforderungen an die Tariffähigkeit von Arbeitnehmerkoalitionen gerichtet.[49] In den 2000er Jahren hatte das BAG dann allerdings – dem allgemeinen Trend zu Deregulierung und Liberalisierung folgend – diese deutlich relativiert. Das war nicht zuletzt bei Arbeitgebern auf große Zustimmung gestoßen, hatten doch gerade jene sich bis dahin für mehr Gewerkschaftswettbewerb ausgesprochen (Stichworte nur: C-Gewerkschaften, Leiharbeitstarifverträge).

Als aus rückblickender Sicht bedenklich erweist sich dabei insbesondere die UFO-Entscheidung.[50] Danach kann eine Arbeitnehmerkoalition, die nur über eine kleine Zahl von Mitgliedern verfügt, dennoch tariffähig sein, wenn sie dessen ungeachtet empfindlichen Druck auf den sozialen Gegenspieler ausüben kann, weil in ihr vor allem Arbeitnehmer in Schlüsselstellungen organisiert sind, die von der Arbeitgeberseite im Falle eines Arbeitskampfes kurzfristig überhaupt nicht oder nur schwer ersetzt werden können. Problematisch daran ist, dass in einer modernen Industriegesellschaft – ganz besonders aber im Verkehrssektor, in dem sich Gewerkschaftspluralitäten besonders stark ausgeprägt haben – eine Vielzahl von Berufsgruppen ohne weiteres dazu in der Lage sind, den Betrieb „lahmzulegen", diese Recht-

49 S. etwa BAGE 95, 36 = NZA 2001, 160 (BTÜ); BAGE 64, 16 = NZA 1990, 623.

50 BAGE 113, 82 = NZA 2005, 697; so auch nochmals: BAGE 136, 1 = NZA 2011, 300 (303 Rn. 39, GKH).

sprechung die Gründung von kleinen Spartengewerkschaften also geradezu herausfordert.

Entsprechend sollte bei der Prüfung der Tariffähigkeit einer Arbeitnehmerkoalition wieder stärker auf deren Mitgliederbestand und ihre relative Größe abgestellt werden (s. auch § 4 Abs. 2 Nr. 3 österr. ArbVG: „Kollektivvertragsfähig sind die auf freiwilliger Mitgliedschaft beruhenden Berufsvereinigungen der Arbeitgeber und der Arbeitnehmer, welche [...] 3. vermöge der Zahl der Mitglieder und des Umfanges der Tätigkeit eine maßgebende wirtschaftliche Bedeutung haben"). Das Schlüsselstellungskriterium dagegen sollte zurück genommen werden.

Durchaus einen Schritt in die richtige Richtung gehen daher die neueren Entscheidungen des BAG bzw. einiger LAGe zur Tarif(un)fähigkeit mitgliederarmer Arbeitnehmerkoalitionen (CGZP, GNBZ, medsonet, GKH u.a.).[51] Diesen liegt zwar im Vergleich zu der hier zu diskutierenden Fragestellung gleichsam ein „umgekehrter" Sachverhalt zu Grunde. In diesen Verfahren ging es nämlich darum, dass die jeweiligen Verbände nicht nur mitgliederschwach aufgestellt, sondern darüber hinaus auch nicht dazu in der Lage waren, Arbeitnehmerinteressen ernsthaft gegenüber der Arbeitgeberseite zu vertreten. Bei manchen „Gewerkschaften" stand sogar die Befürchtung einer gewissen „Arbeitgebernähe" im Raum und im Bereich der Leiharbeit waren einige der im CGZP verbundenen kleineren christlichen Gewerkschaften in Verruf gekommen, der Arbeitgeberseite mit der großzügigen Erteilung eines Dispens vom equal-pay-Grundsatz entgegen gekommen seien.

Doch trifft diese neuere Rechtsprechung ganz genauso zu, wenn Kleinstgruppen durch nadelstichartige Ministreiks ganze Branchen lahmlegen. Denn das Kriterium der Tariffähigkeit soll ja nichts anderes sicherstellen, als dass Arbeitnehmerkoalitionen durch den Abschluss von Tarifverträgen zu einer sinnvollen Ordnung des Arbeitslebens beitragen können.[52]

Eine (weitere) Erhöhung der Anforderungen an die Tariffähigkeit einer Arbeitnehmerkoalition ist dabei auch verfassungsrechtlich ohne weiteres

---

51 BAGE 136, 302 = NZA 2011, 289 (CGZP); BAGE 136, 1 = NZA 2011, 300 (GKH); LAG Hamburg v. 21.3.2012, 3 TaBV 7/11 (medsonet), dieser Beschluss ist rechtskräftig, s. BAG Pressemitteilung v. 11.6.2013 (Nr. 36/13) im Verfahren 1 ABR 33/12; LAG Köln v. 20.5.2009, 9 TaBV 105/08 (GNBZ).

52 BVerfG v. 16.9.1991, 1 BvR 453/90 – juris, Rn. 4; BVerfGE 58, 233 (248) = NJW 1982, 815; BAG v. 24.7.2012, NZA 2012, 1061, Rn. 4; BAG v. 23.5.2012, NZA 2012, 625, Rn. 9; BAGE 136,1, Rn. 35 = NZA 2011, 300.

rechtfertigbar. Zwar dürfen nach der Rechtsprechung des BVerfG und des BAG an die Tariffähigkeit von Arbeitnehmervereinigungen keine Voraussetzungen gestellt werden, die die Bildung und Betätigung einer Koalition unverhältnismäßig einschränken und so zu einer Aushöhlung der freien Koalitionsbildung und -betätigung führen könnten.[53] Umgekehrt sind aber solche Anforderungen zulässig, die zur Sicherung der Funktionsfähigkeit der Tarifautonomie geeignet, erforderlich und angemessen sind. Daher ist es mit dem Grundrecht der Koalitionsfreiheit vereinbar, nur solche Koalitionen an der Tarifautonomie teilnehmen zu lassen, die in der Lage sind, den von der staatlichen Rechtsordnung freigelassenen Raum des Arbeitslebens durch Tarifverträge sinnvoll zu gestalten, um so die Gemeinschaft sozial zu befrieden.[54] Die Funktionsfähigkeit der Tarifautonomie erfordert aber eben, dass die Verbandslandschaft sich nicht in ein unübersichtliches „Gewimmel" kleiner Verbände verliert. Praktikabel ist Tarifautonomie nur dort, wo hinreichend übersichtliche Strukturen herrschen. Demgemäß ist es verfassungsrechtlich nicht zu beanstanden, wenn die Rechtsprechung die Tariffähigkeit von gewissen Mindestvoraussetzungen abhängig macht.

Zwei weitere Überlegungen kommen hinzu: Zum einen ist der mit einer strengeren Kontrolle der Tariffähigkeit verbundene Eingriff in die Koalitionsfreiheit kleinerer Gewerkschaften schon deshalb weitaus eher rechtfertigbar als eine generelle Tarifeinheit, weil eine Gewerkschaft, die sich bewusst dafür entscheidet, nur für kleine Belegschaftsgruppen zu verhandeln, es hinnehmen muss, die damit gegebenenfalls verbundenen Konsequenzen zu tragen. Zum anderen wäre es auch unter Gleichheitsgesichtspunkten fragwürdig, wenn eine Koalition von vielleicht 1.000 in der Bankbranche tätigen Netzwerkbetreuern und Systemadministratoren zwar tariffähig wäre, weil diese die gesamte Branche (und darüber hinaus vielleicht sogar das gesamte Wirtschaftsleben in Deutschland) „lahmlegen" könnte, dagegen nicht aber eine Vereinigung von 15.000 Schalterangestellten, nur weil diese nicht über ein entsprechendes „Erpressungspotential" verfügt.

53 BVerfGE 58, 233 (248 f.) = NJW 1982, 815 (816); BAGE 136, 1 = NZA 2011, 300 (303 Rn. 35 f.) – GKH –; 117, 308 (B.III.1.c)aa)(1) der Gründe) = NZA 2006, 1112 (1115); 113, 82 (B.III.2.e)aa) der Gründe) = NZA 2005, 697 (701).

54 BVerfGE 100, 214 = NZA 1999, 713 (714); 58, 233 (248 f.) = NJW 1982, 815 (816); BVerfGE 18, 18 (28) = NJW 1964, 1267 (1268); BAGE 136, 1 = NZA 2011, 300 (303 Rn. 35) – GKH –; BAG v. 14.3.1978, 1 ABR 2/76, AP TVG § 2 Nr. 30 (III.2. der Gründe); ErfK/*Dieterich* (Fn. 1) Art. 9 GG Rn. 66; Däubler/*Peter*, TVG, 3. Aufl. (2012), § 2, Rn. 3; *Löwisch/Rieble*, TVG, 3. Aufl. (2012), § 2, Rn. 6; Schaub/*Treber*, (Fn. 1), § 198 Rn. 13.

Wenn Befürworter einer generellen Tarifeinheit an dieser Stelle darauf hinweisen, dass die Aberkennung jeder Tariffähigkeit ein noch weitaus härterer Eingriff in das Koalitionsgrundrecht der betroffenen Gewerkschaft sei, als eine gesetzliche Vorgabe der Tarifeinheit, weil dieser Gewerkschaft derart ihre Tariffähigkeit gleich insgesamt abgesprochen werden würde,[55] so trifft das nicht zu. Dieses Argument ist schon deshalb nicht richtig, weil auch der Grundsatz der Tarifeinheit faktisch dazu führt, dass Berufsgruppen- und Spartengewerkschaften tarifunfähig werden. Soweit sie nicht in Betrieben ausnahmsweise die Mehrheit stellen, haben sie nämlich keine realistische Chance mehr auf einen Tarifabschluss. Rein formal blieben sie zwar tariffähig, in der Realität aber würden ihre Tarifverträge stets vom Mehrheitstarifvertrag verdrängt. Noch entscheidender aber ist, dass nach der hier vertretenen Auffassung nur Kleinstgruppengewerkschaften von Tarifabschlüssen abgehalten werden. Dagegen bleibt – eben ganz anders als beim „Einheitskonzept" – mittelgroßen und großen Berufsgruppengewerkschaften ein Tarifabschluss möglich.

bb) Geltungsquorum bzw. Verhältnismäßigkeitskontrolle des personellen Geltungsbereichs des angestrebten Tarifvertrags

Neben erhöhten Anforderungen an die Tariffähigkeit von Koalitionen ließen sich Unzuträglichkeiten durch Arbeitskämpfe von Kleinstgruppen dadurch vermeiden, dass Streiks dann als unverhältnismäßig und damit unzulässig eingestuft werden, wenn die erhobene Tarifforderung nur einen unbedeutenden Teil der Arbeitnehmer des Tarifgebiets bzw. angegriffenen Unternehmens erfassen würde. Dieses Kriterium ist also nicht gewerkschafts-, sondern sachbezogen. Es knüpft nicht an die Vertretungsverhältnisse in einzelnen Betrieben, sondern an den personellen Geltungsbereich des Tarifvertrags an, der mit einem Streik durchgesetzt werden soll.

1. Ein derartiges Geltungsquorum hat zunächst *Franzen*[56] in die Diskussion gebracht, später fand es Eingang in den von *Franzen*, *Thüsing* und *Waldhoff* erarbeiteten Entwurf für ein Gesetz zur Regelung kollektiver Ar-

---

55 So vor allem *Giesen*, ZfA 2011, S. 1 (38).

56 *Franzen*, ZfA 2011, S. 647 (669).

beitskonflikte in der Daseinsvorsorge.[57] Dessen § 7 lautet: „Eine gewerkschaftliche Arbeitskampfmaßnahme ist unzulässig, wenn sie auf den Abschluss eines Tarifvertrags gerichtet ist, der bezogen auf seinen angestrebten räumlichen und betrieblichen Geltungsbereich weniger als 15 %[58] der Arbeitsverhältnisse erfassen würde. Strebt die Gewerkschaft den Abschluss eines Firmentarifvertrags oder unternehmensbezogenen Tarifvertrags an, tritt an die Stelle des räumlichen und betrieblichen Geltungsbereichs im Sinne des Satzes 1 das Unternehmen."[59]

2. Meines Ermessens sollte indes auf eine fixe Quote ganz verzichtet und lediglich darauf abgestellt werden, dass ein Arbeitskampf unzulässig ist, wenn die Tarifforderungen nur einen „unerheblichen" bzw. „unangemessen niedrigen Teil" der Gesamtbelegschaft erfassen. In eine derart flexible Abwägung sollte gegebenenfalls auch eingestellt werden, ob es sich bei den vom Tarifvertrag erfassten Arbeitnehmern um eine homogene, in sich geschlossene Berufsgruppe handelt, die sich für die jeweiligen Unternehmen als prägend erweist (was für die Zulässigkeit des Streiks spricht) oder ob es um Belegschaftsteile geht, die dem „Kerngeschehen" des Unternehmens fernstehen und lediglich auf Grund („zufälliger") betrieblicher, organisatorischer oder technischer Umstände über ein gewisses „Erpressungspotential" im Unternehmen verfügen.
3. Diese Regelung bewegt sich vermittelnd zwischen den beiden Extrempositionen – freies Spiel der Kräfte einerseits und gesetzliche Wiederherstellung einer rigorosen Tarifeinheit andererseits. Anders als eine gesetzliche Verankerung der Tarifeinheit würde sie Spartengewerkschaften, die eine vernehmbar große Berufsgruppe vertreten, ausreichend Raum zur Vertretung ihrer Mitglieder belassen, aber eben dennoch verhindern, dass kleine Splittergruppen aus reinen Gruppenegoismen ein

57 *Franzen/Thüsing/Waldhoff*, Arbeitskampf in der Daseinsvorsorge. Vorschläge zur gesetzlichen Regelung von Streik und Aussperrung in Unternehmen der Daseinsvorsorge, 2012; auch online abrufbar unter: http://www.cfvw.org/stiftung/projektbereich-zukunft-der-arbeit/arbeitskampf/gesetzentwurf.

58 Ein Quorum von 15 % erscheint freilich sehr hoch gegriffen. *Franzen* (Fn. 56) hatte allerdings ein Quorum in einer Bandbreite von 5 bis 25 % vorgeschlagen. Wenn man sich überhaupt für ein Quorum entscheidet, sollte dies 10 % nicht überschreiten.

59 Eventuell sollte noch klargestellt werden, dass bei einem auf Abschluss eines Verbandstarifvertrags gerichteten Streik als Bezugsgröße nicht sämtliche Arbeitnehmer aller im Verband organisierten Unternehmen maßgeblich sind, sondern die Arbeitnehmer derjenigen Unternehmen, die vom angestrebten Tarifvertrag überhaupt angesprochen werden.

Unternehmen oder gar die gesamte Branche lahmlegen, wie folgende Beispiele (die an einer fiktiven Quote von 5 % ansetzen) zeigen:

a) Fraport beschäftigt derzeit ca. 22.000 Arbeitnehmer. Ein Streik wäre folglich nur möglich, wenn der personelle Geltungsbereich der Tarifforderung mindestens 1.100 Arbeitnehmer erfasst. Maßgeblich ist, wie viele Arbeitnehmer maximal unter den Tarifvertrag fallen würden, wären diese sämtlich in der kampfführenden Gewerkschaft organisiert. Diese wären wiederhin ins Verhältnis zur Gesamtbelegschaft sämtlicher Unternehmen zu setzen, die vom Tarifvertrag erfasst wären. Ein Streik für einen Tarifvertrag der Mitarbeiterinnen und Mitarbeiter der Flughafenfeuerwehr wäre mithin ausgeschlossen.

b) Im Arbeitgeberverband A des öffentlichen Dienstes für Bayern sind u.a. sämtliche kommunalen Krankenhäuser organisiert, die insgesamt 10.000 Arbeitnehmer, davon 3.000 Ärzte beschäftigen. Insgesamt sind bei den verbandsangehörigen Arbeitgebern 100.000 Arbeitnehmer angestellt, davon 300 IT-Systemadministratoren. Nimmt der Marburger Bund den Verband auf Abschluss eines Tarifvertrags in Anspruch, dessen Geltungsbereich sich auf Ärzte bezieht, wäre der Arbeitskampf ohne weiteres zulässig, da dieser 30 % der Mitarbeiter der vom Tarifvertrag angesprochenen Unternehmen[60] erfasst. Eine (hypothetische) Gewerkschaft der Systemadministratoren wäre dagegen nicht streikbefugt, da sie lediglich eine Deckungsquote von 3 % erreichen könnte.

4. Freilich stößt eine derartige Regelung auch an Grenzen:

a) Hat sich ein Unternehmen gesellschaftsrechtlich stark diversifiziert und bestimmte Arbeitsaufgaben auf einzelne Tochtergesellschaften verlagert, kann es sein, dass einzelne Sparten-, Berufsgruppen- oder auch „Kleingewerkschaften“ mit einschlägigen Tarifforderungen, die sich gegen die betreffenden Unternehmen richten, die geforderte Quote relativ leicht überschreiten.
Beispiel: Die Flughafengesellschaft F hat den Bereich „Organisation des Flugbetriebs“ in eine Gesellschaft ausgegliedert. Diese beschäftigt 500 Arbeitnehmer, davon 250 Vorfeldlotsen; ein Arbeitskampf der Vorfeldlotsen wäre mithin rechtmäßig.

---

60 S. Fn. 58.

Das aber ist hinzunehmen. Macht der Arbeitgeber aus betriebswirtschaftlichen Gründen von den Vorteilen Gebrauch, die ihm das Gesellschaftsrecht bietet – und zwar nicht selten, um sich so in den Genuss für ihn günstigerer Arbeitsbedingungen und eines (mangels konzernweiten „Durchgriffs“) faktisch „gelockerten“ Kündigungsschutzes zu bringen, hat er selbst die Ursache für den Verlust der arbeitsrechtlichen Einheit in seinen Betrieben gesetzt. Was nämlich nicht angeht – und was von den Befürwortern einer Tarifeinheit gerne übersehen wird – ist, dass Arbeitgeber, dem Trend der Zeit folgend, betriebswirtschaftliche Matrixstrukturen preisen und ihre Unternehmen „filitieren“, um anschließend von der Rechtsordnung die partielle Wiederherstellung der von ihnen selbst aufgegebenen Einheit im Unternehmen einzufordern.

b) Eher als problematisch erweist sich dagegen die Konstellation, dass sich eine kleinere Gewerkschaft gezielt solche Unternehmen heraussucht, in denen sie besonders viele Arbeitnehmer vertritt und diese separat auf Abschluss eines Tarifvertrags in Anspruch nimmt (Haustarifverträge bzw. unternehmensbezogene Verbandstarifverträge). Dem ließe sich nur (aber immerhin) dadurch begegnen, indem ein derartiges Vorgehen als rechtsmissbräuchlich unterbunden wird. Das wäre insbesondere der Fall, wenn die streikende Gewerkschaft am Quorum scheitern würde, würde sie den personellen Geltungsbereich des angestrebten Tarifvertrags so fassen, wie dies nach ihrem satzungsgemäßen Organisationsbereich und den konkreten Umständen üblich wäre; zumindest dann wenn sie nur einen marginalen Teilausschnitt der im Tarifgebiet beschäftigten Arbeitnehmer erfassen würde und sie dies durch ein willkürliches Herauspicken einzelner Arbeitgeber umgehen will. Zuzugeben bleibt indes, dass diese Problematik die Achillesferse dieses Modells bildet.

5. Rechtstechnisch umsetzen ließe sich eine solche Beschränkung der Arbeitskampffreiheit von Kleinstgruppen indem – trotz aller verbleibender systematischen Bedenken – eine entsprechende Regelung vor dem jetzigen § 12a (Arbeitnehmerähnliche Personen) in das TVG eingefügt werden würde (Reihenfolge dann: § 12 Spitzenorganisationen, § 13 Arbeitskämpfe von Berufsgruppengewerkschaften, § 14 Arbeitnehmerähnliche Personen, ggf. § 15 Inkrafttreten).

Davon unabhängig wäre es den Arbeitsgerichten aber schon nach geltender Rechtslage möglich, durch Rückgriff auf den arbeitskampfrechtlichen Verhältnismäßigkeitsgrundsatz, überbordende Arbeitskämpfe von Splittergruppen zu unterbinden. Allerdings ist einzuräumen, dass das BAG in verschiedenen arbeitskampfrechtlichen Entscheidungen der vergangenen Jahre (Unterstützungsarbeitskampf, flashmob) Bedeutung und Aussagegehalt des Verhältnismäßigkeitsgrundsatzes zumindest stark zurückgedrängt hat.[61] Daher müssten Instanzgerichte durchaus eine gewisse Hemmschwelle überwinden, um einen entsprechenden Arbeitskampf zu untersagen. Dabei kommt hinzu, dass der Erlass einer Untersagungsverfügung, mit der ein bevorstehender Streik verboten wird, schon ganz grundsätzlich nichts ist, was ein Gericht von leichter Hand tut, handelt es sich bei der Koalitionsfreiheit des Art. 9 Abs. 3 GG doch um ein hohes Gut. Mit einer Unterlassungsverfügung erzielt der Arbeitgeber mit einem Minimum an Aufwand maximale Wirkung. Angesichts des erheblichen Mobilisierungsaufwands für einen Streik, „würgt" ein gerichtliches Verbot den Arbeitskampf regelmäßig „ab." Daher setzt eine Unterlassungsverfügung zumindest voraus, dass die Rechtswidrigkeit des Streiks eindeutig feststellbar ist (die weiteren Einzelheiten sind umstritten).[62] Dass es umgekehrt aber nicht völlig ausgeschlossen ist, dass sich Instanzgerichte durchaus dazu entschließen könnten Arbeitskämpfe von Kleingruppen mit überschießender Wirkung für den Arbeitgeber und

---

61 S. zur Kritik daran insb. *Kersten*, Neues Arbeitskampfrecht, 2012, S. 74 ff.; *Rieble*, BB 2008, 1506 (1514); *Franzen*, JbArbR 47 (2010), S. 119 (122); *Säcker*, NJW 2010, S. 1115; *ders./Mohr*, JZ 2010, S. 440; *Thüsing/Waldhoff*, ZfA 2011, S. 329 (345); *Buchner*, FS Hromadka, S. 39 (44); *Rüthers/Höpfner*, JZ 2010, S. 261 (262); *Willemsen/Mehrens*, Anm. AP GG Art. 9 Arbeitskampf Nr. 174; *Konzen*, SAE 2008, 1 (14).

62 S. dazu: ErfK/*Dieterich*, Art. 9 GG (Fn. 1) Rn. 228 f.; Schaub/*Treber* (Fn. 1), § 196 Rn. 75 ff.; *Krause*, JbArbR 45 (2008), S. 23, 29 ff.; *Kissel*, Arbeitskampfrecht (2002), § 65 Rn. 28; *Otto* (Fn. 1) § 19 Rn. 31.

außenstehende Dritte zu untersagen, zeigt die Fraportentscheidung des ArbG Frankfurt.[63]

63 ArbG Frankfurt v. 28.2.2012, 9 Ga 25/12, NZA 2012, 579. Die Entscheidung bezieht sich teilweise allerdings auf einen Sonderfall, nämlich den der (weiteren) Ausweitung eines Kleingruppenstreiks durch einen Sympathiestreikaufruf der kampfführenden Berufsgruppengewerkschaft. Insoweit tat sich das ArbG mit der Untersagungsverfügung leichter, als das BAG in seiner Entscheidung zum Unterstützungsarbeitskampf (BAG v. 19.6.2007, 1 AZR 396/06, NZA 2007, 1055 Rdnr. 49) ausdrücklich ausgeführt hatte, dass ein solcher Streik dann unangemessen sein kann, wenn der Schwerpunkt des gesamten Arbeitskampfs signifikant auf den Unterstützungsstreik verlagert wird und dieser seinen Charakter als Unterstützung eines ernsthaft geführten Hauptarbeitskampfs verliert, so dass der lediglich der Unterstützung dienende Streik an die Stelle des Hauptarbeitskampfs tritt. Im Fall kämpfte die Gewerkschaft UFO um einen Tarifabschluss für das Vorfeldpersonal („apron control"). Nachdem es dem Arbeitgeber mehr und mehr gelang, die streikenden Arbeitnehmer durch andere Beschäftigte zu ersetzen und sie daher keinen aus ihrer Sicht zufriedenstellenden Tarifabschluss erzielen konnte, rief UFO auch die im Tower tätigen Lotsen zu einem Sympathiearbeitskampf auf. Während der Vorfeldstreik lediglich zum Ausfall von 1/5 der täglichen Verbindungen ab Frankfurt führte, wäre es mit dem Unterstützungsstreik wahrscheinlich zum Stillstand des Flugverkehrs jedenfalls in Frankfurt, darüber hinaus aber auch an anderen deutschen Flughäfen gekommen. S. zu diesem Fall auch: *C. Meyer*, SAE 2012, S. 35.

Gibt es einen numerus-clausus der Arbeitskampfformen? Die Flashmob-Problematik und ihre Folgen

Winfried Kluth

I. Arbeitskampfrecht – zwischen offener Grundrechtsgewährleistung und richterrechtlicher Konkretisierung

Das Arbeitskampfrecht ist in Deutschland auf Grund einer bewussten und gewollten Abstinenz des Gesetzgebers traditionell richterrechtlich ausgestaltet[1] worden. Hauptakteure waren und sind dabei das Bundesarbeitsgericht[2] und das Bundesverfassungsgericht.[3] Vorschläge, eine umfassende oder punktuelle gesetzliche Regelung zu etablieren, blieben jeweils im Versuchsstadium stecken.[4] Ähnliches gilt auch für die zuletzt nach einer Rechtsprechungsänderung des BAG diskutierte Thematik der Tarifpluralität.[5]

Die Entwicklung der gesetzesersetzenden Rechtsprechung des Bundesarbeitsgerichts zum Arbeitskampfrecht ist durch eine schrittweise Erweiterung der Kampfmittelfreiheit vor allem auf Seiten der Arbeitnehmer charakterisiert. In einer ersten grundsätzlichen Positionsbestimmung durch den Großen Senat des Bundesarbeitsgerichts vom 28.1.1955[6] hatte das Gericht die Arbeitskämpfe zunächst als „im allgemeinen unerwünscht" charakterisiert, „da sie volkswirtschaftliche Schäden mit sich bringen und den im Interesse der Gesamtheit liegenden sozialen Frieden beeinträchtigen".[7] Das Gericht hatte im unmittelbaren Anschluss aber auch festgestellt, dass Arbeitskämpfe in bestimmen Grenzen erlaubt und „in der freiheitlichen, sozialen Grundordnung der Deutschen Bundesrepublik zugelassen" sind und

1 Zur Ausgestaltungsgesetzgebung näher *Cornils*, Die Ausgestaltung der Grundrechte, 2005.
2 Zum Selbstverständnis der Ausgestaltungsrechtsprechung BAG NZA 2007, 1055 (1057 f. – Rz. 15 ff.).
3 Siehe nur BVerfG NJW 1996, 185 (186 f.).
4 Zur „Pflicht zur Gesetzgebung" in diesem Bereich *Kloepfer*, NJW 1985, S. 2497 ff.
5 Dazu im Überblick *Henssler*, RdA 2011, S. 65 ff.
6 BAG NJW 1955, 882.
7 Zur dieser Sichtweise vertiefend *Müller*, Die Tarifautonomie in der Bundesrepublik Deutschland, 1990, S. 272 ff.

die „freiheitliche Rechtsordnung derartige Arbeitskämpfe als ultima ratio anerkennt".[8] Die zur damaligen Zeit noch kontrovers diskutierte Frage, ob die mit einem Streik verbundene Arbeitsverweigerung rechtswidrig ist, wurde mit dem Hinweis darauf, dass „der Arbeitskampf als einheitliches Geschehen... kollektivrechtlich nicht anders behandelt werden darf als individualrechtlich" und „ein Rechtskreis den Vorrang haben" müsse, zugunsten des Grundrechts aus Art. 9 Abs. 3 GG dahingehend beantwortet, dass die Arbeitnehmer, die nach einer legitimen Streikaufforderung der Gewerkschaft die Arbeit ohne Kündigung niederlegen, nicht rechtswidrig handeln.[9] Schließlich charakterisiert der Große Senat auch die Rechtswirklichkeit des Arbeitskampfes: „Der Streik will die Arbeitsverhältnisse unterbrechen, um dadurch einen Druck auf den anderen Sozialpartner auszuüben und eine günstigere tarifliche Regelung der Arbeitsbedingungen herbeizuführen. Die Streikenden wollen keine Lösung der Arbeitsverhältnisse, sie wollen die Arbeitsverhältnisse nur suspendieren, sie aber später, nach Erreichung ihrer Ziele, aber auch nach einer Niederlage fortsetzen."[10] Die Einzelheiten der arbeitsrechtlichen Einordnung der Streikwirkungen wurden durch eine weitere Entscheidung aus dem Jahr 1971 geklärt, die u.a. genauer herausarbeitete, dass ein (rechtmäßiger) Streik grundsätzlich zur Suspendierung des Arbeitsverhältnisses führt, dass dies auch für Aussperrungen gilt und welche konkreten Maßgaben aus dem Grundsatz der Verhältnismäßigkeit für den Arbeitskampf folgen.[11]

Die Konzeption des Arbeitskampfes ist in dieser Argumentation strikt auf die künftigen Tarifpartner beschränkt, zwischen denen zudem ein Arbeitsrechtsverhältnis besteht, um dessen inhaltliche Veränderung es in der Regel vor allem geht. Nach einem (vermeintlichen) Rückfall in alte Restriktionen[12] war die Rechtsprechung des zuständigen 1. Senats des Bundesarbeitsgerichts spätestens seit Beginn der 2000er Jahre durch eine schrittweise Erweiterung der zulässigen Arbeitskampfmittel[13] geprägt. Dieser Entwicklung gebührt besondere Aufmerksamkeit, weil sie für die Einordnung der

8 BAG NJW 1955, 882 (883).
9 BAG NJW 1955, 882 (883 f.).
10 BAG NJW 1955, 882 (884).
11 BAG NJW 1971, 1668 ff.
12 U.a. durch BAG Betr 1988, 1902 ff. Dazu *Blanke*, NZA 1990, S. 209 ff.
13 U.a. durch BAG NZA 2007, 1055 – zu Unterstützungsstreiks. Dazu kritisch *Bieder*, NZA 2008, S. 799 ff.

Flashmob-Entscheidung in mehrfacher Hinsicht von besonderer Relevanz ist.

Den Ausgangspunkt der Entwicklung der Arbeitskampfmittel stellt historisch[14] und systematisch der Streik, d.h. die auf eine Veränderung der Arbeits- und Wirtschaftsbedingungen in einem Unternehmen oder einer Branche gerichtete, von der Arbeitnehmerseite planmäßig[15] durchgeführte Arbeitseinstellung[16] dar. In seiner Kerngestalt ist der Streik dadurch gekennzeichnet, dass er von organisierten Arbeitnehmern der Gewerkschaft(en) durchgeführt wird, die den Abschluss eines (neuen) Tarifvertrages mit dem oder den bestreikten Arbeitgebern anstreben und dies nach dem Scheitern bzw. der Verweigerung von Verhandlungen durch die Arbeitsniederlegung erzwingen wollen. Die damit einhergehende Zurückhaltung einer arbeitsvertraglich geschuldeten Leistung wird durch das verfassungsrechtlich verbürgte Streikrecht „legitimiert".[17] Abgesehen von den allgemeinen Voraussetzungen, denen der Arbeitskampf unterliegt, insbesondere der aus dem (vorausgehenden) Vertragsschluss folgenden Friedenspflicht,[18] ist der Rechtsrahmen des Streiks durch das Arbeitsrechtsverhältnis geprägt. Es sind die heute und in Zukunft an ihm Beteiligten, die mit Streik bzw. Aussperrung um gerechte Löhne[19] und Arbeitsbedingungen kämpfen.

Dieser über viele Jahre hinweg gültige Rahmen ist nicht zuletzt unter Hinweis auf zu Lasten der Arbeitnehmer und Gewerkschaften veränderte Rahmenbedingungen des Arbeitskampfes (u.a. geringerer Organisationsgrad und damit geringere Finanzkraft der Gewerkschaften, Internationalisierung der Produktions- und Unternehmensstrukturen, Flucht der Arbeitgeber aus Tarifbindungen)[20] weiterentwickelt worden. Dabei hat sich die

---

14 Zur wechselvollen historischen Entwicklung *Kluth*, in: Friauf/Höfling (Hrsg.), Berliner Kommentar zum Grundgesetz, Stand: 7/2013, Art. 9, Rn. 121 ff.

15 Ausgeschlossen sind damit sog. „wilde Streiks". Zu ihnen BAG NJW 1964, 883.

16 *Scholz*, in: Maunz/Dürig, Grundgesetz Kommentar, Bearbeitung 1999, Art. 9, Rn. 322.

17 Zu Einzelheiten der „Konstruktion" BAG NJW 1955, 882 (883 f.).

18 *Kluth*, (Fn. 14), Art. 9, Rn. 215 ff.

19 Zu dem etwas darüber hinausgehenden Thema der gerechten Lohnstruktur im gesamten Unternehmen, das in Fällen der Tarifpluralität in Frage steht, siehe *Henssler*, RdA 2011, S. 65 ff. der die Probleme durch Modifikationen im Arbeitskampfrecht lösen will.

20 Dazu näher *Rehder/Deinert/Callsen*, Arbeitskampfmittelfreiheit und atypische Arbeitskampfformen, 2012. Siehe auch (aus der Arbeitgeberperspektive) *Rüthers*, NZA 2010, S. 6 ff.

Rechtsprechung nicht direkt auf diese Änderungen bezogen, sondern abstrakt auf die Notwendigkeit eines paritätischen Rahmens für die Verwirklichung des verfassungsrechtlichen Leitbildes einer funktionsfähigen Tarifvertragsordnung unter veränderten Rahmenbedingungen[21] sowie die Einschätzungsprärogative insbesondere der Gewerkschaften in Bezug auf die notwendigen und verhältnismüßigen Arbeitskampfmittel[22] abgestellt. Dieser Argumentationsansatz wurde vom Bundesverfassungsgericht grundsätzlich gebilligt.[23]

Die Weiterentwicklung der Rechtsprechung des Bundesarbeitsgerichts zu den Arbeitskampfmitteln erfolgte insoweit für die Arbeitnehmer- und Arbeitgeberseite unterschiedlich, als die Zulässigkeit des Streiks bzw. neuer Erscheinungsformen desselben (Warn-, Wellen- und Sympathiestreiks) tendenziell großzügig gestattet wurde, während insbesondere das Reaktionsinstrument der Arbeitgeber, die Aussperrung, zunehmenden Restriktionen unterworfen wurde bis hin zu dem Umstand, dass „Vollaussperrungen" praktisch unmöglich wurden.[24]

Die schrittweise Erweiterung des Streikrechts ging zugleich einher mit der Veränderung bzw. Absenkung der allgemeinen Rechtmäßigkeitsanforderungen an Arbeitskampfmaßnahmen. So wurde durch die Zulassung von Warnstreiks[25] die Reichweite der Friedenspflicht, die aus dem (noch) geltenden Tarifvertrag folgt,[26] beträchtlich relativiert. Insbesondere müssen nach dieser Rechtsprechung die Tarifverhandlungen nicht förmlich für gescheitert erklärt worden sein. Die Rechtsprechung stellt vielmehr auf die Lagebeurteilung durch die Gewerkschaft ab: „In der Einleitung von Arbeitskampfmaßnahmen liegt vielmehr die freie und nicht nachprüfbare Ent-

---

21 Siehe dazu etwa BVerfG NJW 1996, 185 (186); BAG NZA 2007, 1055 (1057).

22 Dazu exemplarisch BAG NZA 2007, 1055 (1057); BVerfG NJW 1996, 185 (186).

23 BVerfG NZA 1991, 809 ff.

24 Dazu BAG NZA 1998, 896 (897). Kritisch *Rüthers*, NZA 2010, S. 6 ff.

25 BAG NZA 1984, 393; teilweise korrigiert durch BAG NZA 1988, 846. In dieser Entscheidung wird klargestellt, dass für Warnstreiks auch das ultima-ratio-Prinzip gilt, das in der ersten Entscheidung nicht zur Geltung gebracht wurde.

26 BAG NZA 2003, 734 ff.; NZA 2007, 1055 (1057): „Ein Tarifvertrag ist in seinem schuldrechtlichen Teil zugleich ein Vertrag zu Gunsten Dritter und schützt die Mitglieder der Tarifvertragsparteien davor, hinsichtlich der tariflich geregelten Materie mit Arbeitskampfmaßnahmen überzogen zu werden. Die Friedenspflicht muss nicht gesondert vereinbart werden. Sie ist vielmehr dem Tarifvertrag als einer Friedensordnung immanent.".

scheidung der Tarifvertragspartei, dass sie die Verhandlungsmöglichkeiten ohne begleitende Arbeitskampfmaßnahmen als ausgeschöpft sieht".[27]

Einen zweiten Schritt in Richtung einer Erweiterung des Streikrechts stellt die Rechtsprechung zu den Sympathie-, Solidaritäts- und Unterstützungsstreiks dar. Dabei handelt es sich um Streikmaßnahmen von Arbeitnehmern anderer Betriebe, die auch in einer anderen Gewerkschaft organisiert sein können und die auf Grund einer wirtschaftlichen Verflechtung mit den Unternehmen, das Adressat des Hauptstreiks ist, dessen Maßnahmen durch einen eigenen Streik unterstützen, ohne dabei selbst den Abschluss eines Tarifvertrages anzustreben. In seiner älteren Rechtsprechung hatte das Bundesarbeitsgericht solche Streiks für rechtswidrig gehalten und dies insbesondere folgendermaßen begründet:

> „Verfassungsrechtlich gewährleistet ist der Schutz der Koalition als solcher und ihr Recht, durch spezifisch koalitionsmäßige Betätigung die in Art. 9III GG genannten Zwecke zu verfolgen (BVerfGE 50, 290 [367] = NJW 1979, 699 m.w. Nachw.; BVerfGE 58, 233 [246] = NJW 1982, 815). Zu dieser geschützten koalitionsmäßigen Betätigung gehört der Abschluss von Tarifverträgen, durch die die Koalitionen insbesondere Lohn- und sonstige materielle Arbeitsbedingungen in einem Bereich regeln, in dem der Staat seine Regelungszuständigkeit weit zurückgenommen hat, und zwar in eigener Verantwortung und im wesentlichen ohne staatliche Einflussnahme (BVerfGE 44, 322 [340f] = NJW 1977, 2255; BVerfGE 58, 233 [246] = NJW 1982, 815). Diese koalitionsmäßige Betätigung im Rahmen von Tarifkonflikten ist verfassungsrechtlich geschützt. Mit dieser Begründung lässt sich jedoch der Sympathiestreik verfassungsrechtlich nicht legitimieren. Es kann deshalb nur fraglich sein, ob das Recht, einen Sympathiestreik ausrufen zu können und an einem Sympathiestreik teilnehmen zu dürfen, unabhängig vom Schutz der koalitionsmäßigen Betätigung im Rahmen von Tarifkonflikten zur geschützten koalitionsmäßigen Betätigung gehört. Das ist nicht der Fall. Art. 9 III GG räumt den Gewerkschaften keinen inhaltlich unbegrenzten und unbegrenzbaren Handlungsspielraum ein (BVerfGE 38, 386 [393] = NJW 1975, 968; BVerfGE 58, 233 [247] = NJW 1982, 815). Der Gesetzgeber ist dazu berufen, die Tragweite der Koalitionsfreiheit dadurch zu bestimmen, dass er Voraussetzungen, Inhalt und Rechtsfolgen des Streikrechts näher regelt. Dabei dürfen dem Betätigungsrecht der Koalitionen jedoch nur solche Schranken gezogen werden, die zum Schutze anderer Rechtsgüter von der Sache her geboten sind. Regelungen, die nicht in dieser Weise gerechtfertigt sind, tasten den durch Art. 9 III GG geschützten Kerngehalt der Koalitionsbetätigung an (BVerfGE 19, 303 [321 f.] = NJW 1966, 491; BVerfGE 28, 295 [306] = NJW 1970, 1675; BVerfGE 50, 290 [368 f.] = NJW 1979, 699; BVerfGE 58, 233 [247 f.] = NJW 1982, 815).

27 BAG NZA 1988, 846.

Der Gesetzgeber hat den Arbeitskampf über die Vorschriften des Tarifvertragsgesetzes bisher nur im Zusammenhang mit der Tarifautonomie geregelt. Er hat Streik und Aussperrung als Kampfmittel in einem Tarifkonflikt zugelassen. Streik – und in begrenztem Umfang auch eine Abwehraussperrung – müssen zum Ausgleich sonst nicht lösbarer Interessenkonflikte bei Tarifverhandlungen möglich sein.
Der Sympathiestreik dient nicht unmittelbar diesem Zweck. Er richtet sich nicht gegen den Tarifpartner, mit dem ein Tarifvertrag abgeschlossen werden soll. Der von dem Sympathiestreik betroffene Unternehmer kann die Forderungen, die von den Gewerkschaften erhoben werden, nicht erfüllen. Er kann den Arbeitskampf nicht durch Nachgeben vermeiden oder zwischen Kampf und Nachgeben wählen. Er bedarf deshalb eines größeren Schutzes als der unmittelbar von einem Arbeitskampf betroffene Arbeitgeber. Das rechtfertigt es, das Streikrecht der Gewerkschaften für den Regelfall auf den Streik gegen den unmittelbaren Tarifpartner zu beschränken. Durch eine solche Beschränkung wird das Streikrecht der Gewerkschaften in seinem Kerngehalt nicht angetastet.“[28]

Durch eine Entscheidung vom 19.6.2007 änderte das Gericht seinen Standpunkt und stellt nunmehr fest:

> „Ein zur Unterstützung eines Hauptarbeitskampfes geführter Streik verstößt regelmäßig nicht gegen die von den Koalitionen sich selbst auferlegte Friedenspflicht. Er ist auch nicht deshalb unzulässig, weil er die Grenzen des Tarifgebiets überschreitet. Seine Zulässigkeit erfährt aber Beschränkungen durch den Grundsatz der Verhältnismäßigkeit.“[29]

Diese Anforderungen werden folgendermaßen konkretisiert:

> „Nach dem Gebot der Verhältnismäßigkeit ist ein Unterstützungsstreik rechtswidrig, wenn er zur Unterstützung des Hauptarbeitskampfs offensichtlich ungeeignet, nicht erforderlich oder unter Berücksichtigung der schützenswerten Interessen der betroffenen Dritten unangemessen ist. Der Bezugspunkt, der die Prüfung des Verhältnismäßigkeitsgrundsatzes bestimmt, ist dabei die sich aus dem Charakter und der Funktion des Unterstützungsstreiks ergebende Beziehung zum Hauptarbeitskampf. Er ermöglicht die im Interesse der Rechtssicherheit gebotene, für eine funktionsfähige Arbeitskampfordnung erforderliche Konkretisierung des Verhältnismäßigkeitsprinzips.“[30]

Die Begründung dieses Wandels u.a. mit der *neuen* Rechtsprechung des Bundesverfassungsgerichts ist nicht sehr tragfähig, stellt das Bundesverfassungsgericht doch selbst fest, dass es nur klarstellt, was die bisherige Rechtsprechung ohnehin ausgesagt hat:

---

28 BAG NZA 1985, 504 (507).
29 BAG NZA 2007, 1055 (1059).
30 BAG NZA 2007, 1055 (1059).

„In der jüngeren Rechtsprechung zu Art. 9 III GG hat sich der Senat nicht mehr auf die Kernbereichsformel gestützt. So ist er in der Entscheidung zur Aussperrung von einem weitergehenden Schutzbereich ausgegangen und hat die einschlägige Rechtsprechung des BAG inhaltlich allein mit der Begründung bestätigt, dass sie weder den Wesensgehalt der Koalitionsfreiheit i.S. von Art. 19 II GG verletze noch in unverhältnismäßiger Weise in das Grundrecht eingreife. Die Frage nach den Grenzen eines unantastbaren Kernbereichs des Grundrechts konnte deshalb offengelassen werden (vgl. BVerfGE 84, 212 [228]). In den Entscheidungen zum Beamteneinsatz bei Arbeitskämpfen, zum Zweitregister und zu § 116 AFG wird von einem Kernbereich nicht mehr gesprochen (BVerfGE 88, 103[114 ff.]; BVerfGE 92, 26 [38 ff.]; BVerfGE 92, 365 [393 ff.]). Der Senat ist damit nicht von der früheren Rechtsprechung des BVerfG abgerückt. Gleiches gilt für die vorliegende Entscheidung. Es wird darin nur eine Klarstellung vorgenommen, die wegen der – nicht fernliegenden – Missverständnisse, zu denen die früheren Entscheidungen geführt hatten, veranlasst war."[31]

Das entscheidende Problem war und ist das systematische Verständnis der wechselseitigen Beziehung von Tarifautonomie und Arbeitskampf, die eine wechselseitige Bezogenheit in sachlicher und personeller Beziehung voraussetzt.[32] Ein – angeblich – weiter gefasstes Verständnis der Koalitionsfreiheit, das die Wechselbezüglichkeit von Arbeitskampf und (eigenem) Tarifvertrag aufhebt, ändert den Rahmen des Schutzbereichs grundlegend und kann nicht als bloße Stärkung des Grundrechtsgebrauchs verbrämt legitimiert werden.

Das Problem, zu dem sich das Bundesarbeitsgericht nicht äußert, wird bei der Beurteilung des Unterstützungsstreiks im Lichte der Entscheidungen des Großen Senats aus den Jahren 1955 und 1971 deutlich. In beiden Entscheidungen hatte der Große Senat sich mit den arbeitsrechtlichen Folgen des Streiks befasst und die Arbeitsverweigerung deshalb als „gerechtfertigt" angesehen, weil es um die Verfolgung berechtigter Eigeninteressen der streikenden Arbeitnehmer gegenüber „ihrem" Arbeitgeber ging. Nur vor dem Hintergrund eines solchen Verständnisses erweist sich auch die „Duldungspflicht" des Arbeitgebers als schlüssig begründet. Weder alle Arbeitnehmer noch alle Arbeitgeber stehen rechtlich in einem „Lager". Eine strukturierende Wirkung, die über das Arbeitsverhältnis und den darauf bezogenen

---

31 BVerfG NJW 1996, 1201 (1202).

32 *Kersten*, Neues Arbeitskampfrecht, 2012, S. 41 ff. spricht insoweit zutreffend von einer doppelt gestuften Gegenseitigkeitsordnung.

Tarifvertrag hinausgeht, kann auch nicht durch den unscharfen Topos der wirtschaftlichen Verflechtung tragfähig begründet werden. [33]

Das Bundesarbeitsgericht stützt seine Argumentation auf den Hinweis des Bundesverfassungsgerichts, dass für den Arbeitskampf die Herstellung einer gleichgewichtigen Verhandlungsposition von grundlegender Bedeutung ist.[34] Dabei ist indes zu beachten, dass die Aussagen des Bundesverfassungsgerichts sich immer auf Fallkonstellationen beziehen, in denen Arbeitnehmer um „ihren" Tarifvertrag kämpfen. Konstellationen, die aus diesem Raster ausbrechen und wie sie bei Unterstützungsstreiks vorliegen, waren noch nie Gegenstand einer Entscheidung des Bundesverfassungsgerichts.

Wichtig für die Beurteilung ist zudem eine weitere Aussage des Bundesverfassungsgerichts, die das eigentliche Thema des Rechtsprechungswandels berührt. Danach ist der Gesetzgeber „nicht verpflichtet, Disparitäten auszugleichen, die nicht strukturell bedingt sind, sondern auf inneren Schwächen einer Koalition beruhen. Der Organisationsgrad einer Koalition, ihre Fähigkeit zur Anwerbung und Mobilisierung von Mitgliedern und ähnliche Faktoren liegen außerhalb der Verantwortung des Gesetzgebers. Er ist nicht gehalten, schwachen Verbänden Durchsetzungsfähigkeit bei Tarifverhandlungen zu verschaffen."[35]

Das Bundesverfassungsgericht sagt nicht, dass der Gesetzgeber zur Sicherung der Funktionsfähigkeit des Tarifvertragssystems nicht tätig werden *kann*. Es besteht aber insoweit keine Handlungspflicht mit der Folge, dass ein auf den Bereich der unerlässlichen Ersatzgestaltung begrenztes Richterrecht[36] insoweit nicht zulässig ist.

In der wissenschaftlichen Literatur wurde schon seit vielen Jahren über das „richtige" Verständnis der Koalitionsfreiheit gestritten und dabei auch zur Stärkung der Verhandlungsposition der Arbeitnehmer die Zulassung von Unterstützungsstreiks als einer koalitionsspezifischen Betätigung gefordert.[37] Dabei wurde unter anderem ein Verständnis des Arbeitskampfes bzw. des Streiks entwickelt, das sich vom Abschluss eines eigenen Tarifvertrages

33 Siehe auch die Kritik von *Schwarz*, JA 2008, S. 651 ff.

34 BAG NZA 2007, 1055 (1059) unter Bezugnahme auf BVerfG NJW 1996, 185 (186).

35 BVerfGE NJW 1996, 185 (186). Es ist zu beachten, dass sich die zitierte Entscheidung auf die gesetzliche Regelung in § 116 AFG bezog und nicht auf Richterrecht.

36 Zu diesem BVerfG NZA 1991, 809 (810 f.).

37 Das BAG verweist auf *Höfling*, in: Sachs, Grundgesetz, 2. Aufl. 1999, Art. 9, Rn. 107; *Bieback*, in: Däubler, Arbeitskampfrecht, 2. Aufl. 1987, Rdnr. 372.

löste. Zugelassen werden sollten alle Arbeitskampfmittel, die erforderlich sind, um hinreichenden Druck für die Durchsetzung von Forderungen bei den Verhandlungen von Tarifverträgen zu erzeugen. Parität und Verhältnismäßigkeit als Maßstäbe zulässiger Arbeitskampfmittel wurden und werden dabei nicht strukturell-abstrakt, sondern praktisch-konkret verstanden mit der Folge, dass grundsätzlich alle Verhaltensweisen zulässig sind, die einen entsprechenden „Effekt“ haben (können).[38] Dogmatisch wird zudem geltend gemacht, dass es nicht möglich ist, „die Kampfmittel auf rechtlich ohnehin gestattete Kampfformen [zu] reduzieren. Die rechtliche Gestattung folgt nämlich aus der Koalitionsbetätigungsfreiheit. Das kann es mit sich bringen, dass an sich in anderen Zusammenhängen nicht erlaubte Verhaltensweisen im Rahmen des Arbeitskampfes erlaubt sind“.[39]

Diese im Ansatz mit der Argumentation der grundlegenden Entscheidung des Großen Senats des BAG aus dem Jahr 1955 übereinstimmende Sichtweise steht und fällt aber damit, ob die Legalisierungswirkung gegenüber jedem Arbeitgeber bzw. Arbeitnehmer wirkt, oder nur gegenüber demjenigen, zu dem ein Arbeitsverhältnis besteht.[40] Diese grundsätzliche Frage beantwortet Art. 9 Abs. 3 GG schon deshalb nicht eindeutig, weil bereits der Arbeitskampf selbst nur im Wege der Auslegung in das Grundrecht hineingelesen werden kann. Auch die historische und die rechtsvergleichende und internationalrechtliche Analyse helfen an dieser Stelle nicht weiter.

Als Orientierung kann die von der Rechtsprechung zugelassene Aussperrung als solidarisierende Außenseitermaßnahme auf Arbeitgeberseite dienen. Das Bundesarbeitsgericht hatte zu einer Aussperrung im Bereich der Druckindustrie im Jahr 1978 am 12.3.1985 entschieden, dass die konkret vorgenommenen Aussperrungen unverhältnismäßig waren. Das Bundesverfassungsgericht hat dann am 26.6.1991 diese Entscheidung gebilligt und speziell zur Einbeziehung von sog. Außenseitern in den Arbeitskampf ausgeführt:

> „Auch ein Unternehmen, das sich als Außenseiter einer Verbandsaussperrung anschließt, betätigt sich koalitionsmäßig. Das Kampfbündnis eines Außenseiters mit einem tariffähigen Verband kann eine Vereinigung i. S. von Art. 9 III GG sein, wenn es den Abschluss eines Tarifvertrages im Interesse des Außenseiters beeinflussen soll. Dieser Zweck ergibt sich hier bereits daraus, dass die

38 Zu dieser Sichtweise näher *Rehder/Deinert/Callsen* (Fn. 20), S. 10 ff., 68 ff.

39 *Rehder/Deinert/Callsen* (Fn. 20), S. 68.

40 In diesem Sinne argumentieren *Jacobs*, ZfA 2011, 71 (84 f.); *Picker*, ZfA 2011, S. 469 ff.

> Bf. die Geltung der Verbandstarife generell in den Arbeitsverträgen vereinbart hatte.“[41]

Hier wird einem Unternehmen, das selbst nicht unmittelbar an den Tarifverhandlungen beteiligt ist, bei dem aber der Tarifabschluss wegen der Inbezugnahme der Tariflöhne eine unmittelbare rechtliche Wirkung entfaltet, der Schutz der Koalitionsfreiheit und das Recht des Arbeitskampfes zugebilligt. Ansatzpunkt dafür ist nach der Argumentation des Bundesverfassungsgerichts ein entsprechendes „Interesse“, dessen Reichweite einer begrenzenden Konkretisierung bedarf. Dabei wird im konkreten Fall auf Rechtsbeziehungen abgestellt, die hinreichend konkret fassbar sind.

Fraglich ist, ob die vom Bundesarbeitsgericht für den Unterstützungsstreik entwickelten Zulässigkeitskriterien in vergleichbarer Art und Weise in der Lage sind, einen hinreichend abgrenzbaren und damit für die Praxis auch voraussehbaren und berechenbaren Handlungsrahmen zu begründen. Das Gericht stellt dabei vor allem auf den Umstand ab, wie eng die räumliche, branchenmäßige und wirtschaftliche Verflechtung mit dem Hauptarbeitskampf ist:

> „Erhebliche Bedeutung kommt dabei dem Umstand zu, ob und in welcher Weise der mit dem Unterstützungsstreik überzogene Arbeitgeber mit dem oder den Adressaten des Hauptarbeitskampfs wirtschaftlich verflochten ist (...). Solche Verflechtungen sind regelmäßig besonders ausgeprägt in Fällen, in denen der Hauptarbeitskampf und der Unterstützungsstreik Unternehmen desselben Konzerns betreffen (...). Das macht auch § 297 III 1 HGB deutlich, wonach im Konzernabschluss die Vermögens-, Finanz- und Ertragslage der einbezogenen Unternehmen so darzustellen ist, als ob diese Unternehmen insgesamt ein einziges Unternehmen wären. Diesem so genannten Einheitsgrundsatz liegt die Annahme zu Grunde, dass das Mutterunternehmen die Kontrolle und Leitungsmacht über das Vermögen aller einbezogenen Tochterunternehmen ausübt und diese der wirtschaftlichen Disposition des Mutterunternehmens unterliegen; die Unternehmen nehmen trotz ihrer rechtlichen Selbständigkeit wirtschaftlich den Charakter von unselbständigen Betriebsstätten ein (...). Dementsprechend hat auch das Mutterunternehmen regelmäßig ein erhebliches wirtschaftliches Interesse an dem Ausgang des Hauptarbeitskampfs und kann bei einem gegen ein Tochterunternehmen geführten Unterstützungsstreik den ihm – gegebenenfalls über ein anderes Tochterunternehmen – möglichen Einfluss auf den Verlauf des Hauptarbeitskampfs ausüben und dort auf ein Nachgeben hinwirken. Eine enge wirtschaftliche Verbindung kann außer durch konzernrechtliche Bindungen auch durch Produkti-ons-, Dienstleistungs- oder Lieferbeziehungen entstehen. Von Bedeutung für die Beurteilung der Angemessenheit eines Unterstützungsstreiks kann ferner der Umstand sein, ob sich der bestreikte Arbeitgeber bereits

41 BVerfG NZA 1991, 809 (810).

> in den Hauptarbeitskampf „eingemischt" und seine „Neutralität" verletzt hat (...).
> Einen bei der Beurteilung der Angemessenheit zu berücksichtigenden Unterschied kann es auch ausmachen, ob die einen Unterstützungsstreik ausrufende Gewerkschaft dies zur Unterstützung eines von ihr selbst oder eines von einer anderen Gewerkschaft geführten Hauptarbeitskampfs tut. Wird einer selbst den Hauptarbeitskampf führenden Gewerkschaft ein Unterstützungsstreik untersagt, so bedeutet dies regelmäßig eine schwererwiegende Beschränkung ihrer Betätigungsfreiheit als wenn ihr lediglich die Unterstützung eines fremden Hauptarbeitskampfs unmöglich ist.
> Schließlich wird die Betroffenheit des mit dem Unterstützungsstreik überzogenen Dritten wesentlich durch die Dauer und den Umfang des Unterstützungsstreiks bestimmt. Unangemessen kann ein Unterstützungsstreik daher sein, wenn der Schwerpunkt des gesamten Arbeitskampfs signifikant auf den Unterstützungsstreik verlagert wird und dieser seinen Charakter als Unterstützung eines ernsthaft geführten Hauptarbeitskampfs verliert. Grundsätzlich gehört es zum Modell einer funktionierenden Tarifautonomie, dass die Gewerkschaft ihre Kräfte im Tarifgebiet mobilisiert. Damit wäre es nicht vereinbar, wenn der lediglich der Unterstützung dienende Unterstützungsstreik an die Stelle des Hauptarbeitskampfs träte."[42]

Bereits die Länge und Komplexität der Argumentation macht deutlich, dass eine sichere Abschätzung der Rechtmäßigkeit des Verhaltens – vorsichtig ausgedrückt – schwierig ist. Vor allem die Beurteilung der wirtschaftlichen Zusammenhänge dürfte sich immer wieder als schwierig und kontrovers erweisen.[43]

Die vom Bundesarbeitsgericht vorgenommene Erweiterung des rechtmäßigen Arbeitskampfes auf Arbeitgeber und Arbeitnehmerkoalitionen, die nicht unmittelbar den Abschluss eines eigenen Tarifvertrages anstreben und zu diesem Zweck durch Arbeitseinstellung oder Aussperrung „Druck ausüben" können, kann trotz einiger berechtigter Kritik hinsichtlich ihrer Handhabbarkeit und Bestimmtheit noch als systemkonforme Erweiterung des klassischen Konzepts des Arbeitskampfes qualifiziert werden, weil immerhin eng an das durch einen angestrebten Tarifvertrag erfasste Beschäftigungsverhältnis angeknüpft wird. Die damit verbundenen Erweiterungen sind auch noch hinreichend tragfähig, um die Legalisierungswirkungen, wie sie der Große Senat des Bundesarbeitsgerichts 1955 und 1971 herausgearbeitet hat, zu erstrecken.

---

42 BAG NZA 2007, 1055 (1061).

43 Zu weiteren Gesichtspunkten der Kritik *Bieder*, NZA 2008, S. 799 (801 f.).

Vor dem Hintergrund dieser vorbereitenden Bestandsaufnahme ist nunmehr zu untersuchen, ob die Flashmob-Entscheidung innerhalb des so vorgezeichneten Rahmens lediglich einen weiteren evolutionären Entwicklungsschritt darstellt oder ob sie eine darüber hinausgehende Rechtsprechungswende markiert.

II. Die Flashmob-Entscheidung des BAG – eine weitere Rechtsprechungswende?

1. Sachverhalt und Kernproblematiken der Entscheidung

Der Sachverhalt und die grundsätzliche rechtliche Aussage der Flashmob-Entscheidung des Bundesarbeitsgerichts vom 22.9.2009[44] werden prägnant durch den Leitsatz der Entscheidung wiedergegeben:

> „Eine streikbegleitende Aktion, mit der eine Gewerkschaft in einem öffentlich zugänglichen Betrieb kurzfristig und überraschend eine Störung betrieblicher Abläufe hervorrufen will, um zur Durchsetzung tariflicher Ziele Druck auf die Arbeitgeberseite auszuüben, ist nicht generell unzulässig. Der damit verbundene Eingriff in den eingerichteten und ausgeübten Gewerbebetrieb des betroffenen Arbeitgebers kann aus Gründen des Arbeitskampfrechts gerechtfertigt sein, wenn dem Arbeitgeber wirksame Verteidigungsmöglichkeiten zur Verfügung stehen."

---

44 BAG NZA 2009, 1347. Dazu *Willemsen*, AP Nr. 174 zu Art 9 GG Arbeitskampf; *Maaß*, ArbR 2009, S. 151; *Lingemann*, ArbR 2009, S. 239; *Braun*, ArbRB 2009, S. 326; *Gaul*, ArbRB 2009, S. 330; *Rehder*, ArbuR 2012, S. 103; *Schmitt-Rolfes*, AuA 2009, S. 631; *Langen*, AuA 2010, S. 154; *Sehr*, AuA 2010, S. 373; *Grau*, BB 2009, S. 2309; *Simon*, BB 2010, S. 381; *Jacobs*, BLJ 2010, S. 1; *Eckert*, DStR 2011, S. 272; *Diringer*, DVP 2011, S. 42; *Fuhlrott*, EWiR 2010, S. 51; *Greiner*, EzA Art 9 GG Arbeitskampf Nr. 143; *Wagner*, FA 2010, S. 51; *Konzen*, in: Festschrift für Dieter Reuter, 2010, S. 603; *Richardi*, in: Festschrift für Franz Jürgen Säcker, 2011, S. 285; *Franzen*, JbArbR 47, S. 119; *Rüthers*, JZ 2010, S. 261; *Säcker*, JZ 2010, S. 440; *Tornau*, Mitbestimmung 2009, Nr. 11, 60; *Säcker*, NJW 2010, S. 1115; *Greiner*, NJW 2010, S. 2977; *Brötzmann*, NJW 2010, S. 638; *Krieger*, NZA 2010, S. 20; *Löwisch*, NZA 2010, S. 209; *ders.*, NZA 2010, S. 857; *Otto*, RdA 2010, S. 135; *Fischer*, RdA 2011, S. 50; *Rieth*, SAE 2010, S. 37; *Picker*, ZfA 2010, S. 499; *Thüsing/Waldhoff*, ZfA 2011, S. 329; *Jacobs*, ZfA 2011, S. 71.

Für die verfassungsrechtliche Würdigung sind darüber hinaus folgende Sachverhaltsdetails bedeutsam:

> „Während dieses Streiks veröffentlichte ihr rechtlich unselbstständiger Landesbezirk Berlin-Brandenburg im Dezember 2007 unter anderem auf seiner Homepage ein virtuelles Flugblatt mit folgendem Wortlaut:
> „Wunschliste der EinzelhändlerInnen an Gewerkschaftsmitglieder und alle, die uns unterstützen wollen
>
> - Bitte kaufe nicht in Filialen ein, die bestreikt werden! Informationen darüber erhältst Du in unserem Fachbereich, Tel. ...
> - Meide Sonntagseinkäufe und Einkäufe nach 20.00 Uhr!
> - Sei freundlich und rücksichtsvoll den Kolleginnen im Verkauf gegenüber, besonders in der Vorweihnachtszeit! Gerade da haben wir im Handel alle Hände voll zu tun.
> - Hast Du Lust, Dich an Flashmob-Aktionen zu beteiligen?
>
> Gib uns Deine Handy-Nummer und dann lass uns zu dem per SMS gesendeten Zeitpunkt zusammen in einer bestreikten Filiale, in der Streikbrecher arbeiten, gezielt einkaufen gehen, z.B. so:
>
> - Viele Menschen kaufen zur gleichen Zeit einen Pfennig-Artikel und blockieren damit für längere Zeit den Kassenbereich.
> - Viele Menschen packen zur gleichen Zeit ihre Einkaufswagen voll (bitte keine Frischware!!!) und lassen sie dann stehen.
> - Schicke ein Fax an Leiharbeitsfirmen, die ihre Beschäftigten als Streikbrecher im Einzelhandel einsetzen lassen und protestiere dagegen!
>
> Die Liste mit den Abschriften/Faxnummern dieser Firmen werden wir in Kürze auf unserer Homepage http:/veröffentlichen".
> Die Bekl. propagierte die „Flashmob-Aktionen" auch in der Presse und auf einer öffentlichen Kundgebung am 7. 12. 2007. Am 8. 12. 2007 führte sie ab 10.45 Uhr in der Filiale eines Mitgliedsunternehmen des Kl. im Berliner Ostbahnhof eine „Flashmob-Aktion" durch. An dieser beteiligten sich ca. 40 bis 50 Personen, die per SMS von der Bekl. dorthin bestellt worden waren. Zwei oder drei der Aktionsteilnehmer trugen eine Jacke mit der Aufschrift „ver.di", zahlreiche andere Sticker der Gewerkschaft."[45]

Die Details des Sachverhalts lassen erkennen, dass an der Streikmaßnahme keine Beschäftigten des Betriebs beteiligt waren und dass die Aktivisten nur teilweise Gewerkschaftsmitglieder bzw. Gewerkschaftsmitarbeiter waren, es sich dabei aber teilweise bis überwiegend um Personen handelt, bei denen bereits unklar ist, ob es sich überhaupt um Arbeitnehmer handelt.

---

45 BAG NZA 2009, 1347 (1348).

Damit sind in groben Umrissen auch die grundsätzlichen Fragen erkennbar, die durch die Entscheidung aufgeworfen werden[46] und die in den Entscheidungsgründen nur zum Teil explizit behandelt werden. Es geht erstens um die Frage, ob sich auch die zur Unterstützung aufgerufenen Personen, deren Status als Arbeitnehmer fraglich ist, auf das Grundrecht der Koalitionsfreiheit berufen und bei ihrem rechtswidrigen Handeln die Legalisierungswirkung des Grundrechts in Anspruch nehmen können. Es geht zweitens um die Frage, ob dem Arbeitgeber tatsächlich ausreichend wirksame Verteidigungsmittel zur Verfügung stehen, wie es das Bundesarbeitsgericht annimmt. Und es geht drittens um die Frage, ob eine Verhältnismäßigkeitskontrolle in derart umfassender Art und Weise von einer Einschätzungsprärogative der Gewerkschaft abhängig gemacht werden darf.

2. Der Anspruch der Entscheidung

Bevor auf diese Fragen näher eingegangen wird, soll der mit ihr verbundene Anspruch geklärt werden. Dabei geht es namentlich um die Frage, ob es sich um einen tauglichen Akt der Ersatzgesetzgebung handelt.

Dass das Bundesarbeitsgericht im Bereich des Arbeitskampfes den rechtlichen Rahmen für den kollidierenden Grundrechtsgebrauch der Tarifpartner mangels einer gesetzlichen Regelung ersatzweise ausgestalten darf, hat das Bundesverfassungsgericht abweichend von gewichtigen Stimmen in der Literatur[47] bestätigt.[48] Dabei hat der Erste Senat anders als die Literatur die Bedeutung des Gesetzes- und Parlamentsvorbehalts im Bereich des kollidierenden Grundrechtsgebrauchs ohne nachvollziehbare Begründung deutlich relativiert:

> „Die vom BVerfG entwickelte Lehre, dass der Gesetzgeber in grundlegenden normativen Bereichen alle wesentlichen Entscheidungen selbst treffen muss (Wesentlichkeitstheorie, vgl. etwa BVerfGE 49, 89 [126 f.] m. w. Nachw.), gilt für das Verhältnis zwischen Staat und Bürger. Bei Eingriffen in die grundrechtliche Freiheitssphäre unterliegt der Staat dem Vorbehalt des Gesetzes. Er darf in weiten Bereichen nur tätig werden, wenn er durch ein vom Parlament erlas-

---

46 Siehe dazu auch *Thüsing/Waldhoff*, ZfA 2011, S. 329 ff.; *Otto*, in: Rieble/Junker/Giesen (Hrsg.), Neues Arbeitskampfrecht?, 2010, S. 15 ff.; *Giesen*, ebda., S. 95 ff.

47 U.a. *Kloepfer*, NJW 1985, 2497 ff. Siehe zum aktuellen Meinungsstand *Thüsing/Waldhoff*, ZfA 2011, 329 (378 ff.). Kritisch zum Bestehen einer Regelungspflicht *Ipsen*, DVBl. 1984, S. 1102 (1105).

48 BVerfG NZA 1991, 809 (810 f.). Siehe auch BAG NZA 2010, 1055 (1057).

> senes Gesetz dazu ermächtigt ist. Die Tragweite dieses Grundsatzes wird durch die Rechtsprechung zur Wesentlichkeitstheorie näher bestimmt.
> Im vorliegenden Fall geht es jedoch um das Verhältnis gleichgeordneter Grundrechtsträger. Zwar hat das BVerfG mehrfach geäußert, es sei "Sache des Gesetzgebers", die Koalitionsfreiheit näher auszugestalten (BVerfGE 50, 290 [368 f.]; BVerfGE 57, 220 [245 ff.]; krit. zu einer Regelungspflicht: Jörn Ipsen, DVBl 1984, 1102 [1105]). Folgerungen für die Entscheidung von Streitigkeiten zwischen Koalitionen ergeben sich daraus aber nicht. Die Gerichte müssen bei unzureichenden gesetzlichen Vorgaben das materielle Recht mit den anerkannten Methoden der Rechtsfindung aus den allgemeinen Rechtsgrundlagen ableiten, die für das betreffende Rechtsverhältnis maßgeblich sind. Das gilt auch dort, wo eine gesetzliche Regelung, etwa wegen einer verfassungsrechtlichen Schutzpflicht, notwendig wäre (vgl. BVerfGE 81, 242 [256]). Nur so können die Gerichte die ihnen vom Grundgesetz auferlegte Pflicht erfüllen, jeden vor sie gebrachten Rechtsstreit sachgerecht zu entscheiden.“[49]

Diese Argumentation überzeugt vor allem dann nicht, wenn man sich die Ausführungen des Großen Senats des Bundesarbeitsgerichts vor Augen hält, der schon 1955 in aller Klarheit gezeigt hat, dass es um die Beschränkung anderweitig gewährleisteter Rechte und damit um eine grundrechtsbeschränkende Maßnahme geht. Damit unterscheidet sich die von der Koalitionsfreiheit ausgehende Legalisierungswirkung von anderen Fällen kollidierender Grundrechtsausübung, bei denen beide Seiten ihren Freiheitsgebrauch beschränken müssen, um auf die Gegenseite und deren Grundrechtsgebrauch Rücksicht zu nehmen. Entsprechend spricht das Gericht bei Konflikten zwischen Persönlichkeitsrecht und Pressefreiheit von einer Wechselwirkung.[50] In diesem Bereich wird zwar auch die Veröffentlichung von rechtswidrig erlangten Informationen geschützt.[51] Dabei ist es aber regelmäßig nicht die Presse, die den Rechtsbruch zu verantworten hat. Auch diese Fälle sind deshalb nicht mit einer Legalisierungswirkung verbunden, wie sie von der Koalitionsfreiheit im Streikfall ausgeht.

Die Legitimationsproblematik des Richterrechts wird durch die Flashmob-Entscheidung verschärft, weil insbesondere die personelle Reichweite der Legitimationswirkung auf beliebige Dritte erstreckt wird, die sich auf Einladung der Gewerkschaft an der Aktion beteiligen.

Stellt man diese Bedenken einmal zurück, so ist auffällig, mit welchem Selbstverständnis das Bundesarbeitsgericht seine Rolle als Ersatzgesetzgeber wahrnimmt. Den Maßstab, der dabei anzulegen ist, hat das Bundesver-

---

49 BVerfG NZA 1991, 809 (810).

50 Grundlegend: BVerfGE 7, 198 (208 f.) – st. Rspr.

51 BVerfG NJW 1984, 1741 (1743) – Walraff; NJW 2007, 1117 (1119 ff.) – Cicero.

fassungsgericht in der bereits zitierten Entscheidung folgendermaßen ausgewiesen:

> „Soweit das BAG selbst die Grundsätze entwickelt hat, an denen es die streitigen Arbeitskampfmaßnahmen misst, hat das BVerfG zu prüfen, ob auch der Gesetzgeber solche Rechtssätze nicht ohne Verletzung von Grundrechten der Bf. hätte erlassen können (vgl. BVerfGE 59, 231 [256 sf.]).“[52]

Es gelten für die materiell-rechtlichen Wirkungen der Ersatzgesetzgebung demnach die gleichen Anforderungen wie für die parlamentarische Gesetzgebung. Dazu gehören auch die ausreichende Bestimmtheit und Vorhersehbarkeit der Rechtsfolgen von Rechtssätzen.

Bedenken kommen in Bezug auf die Flashmob-Entscheidung insoweit deshalb auf, weil sich das Gericht mit einer negativen Formulierung bzw. Feststellung begnügt („nicht generell unzulässig“), obwohl es gleichzeitig der These vom numerus clausus der Arbeitskampfmittel eine Absage erteilt und damit den Grundsatz der Kampfmittelfreiheit einführt (AbsatzNr. 34),[53] zugleich die Beteiligung Dritter am Arbeitskampf legitimiert (AbsatzNr. 35) und die Verhältnismäßigkeitskontrolle nur auf den konkreten Fall bezieht (AbsatzNr. 41).

Eine derart zurückhaltende Entscheidungstechnik ist zulässig und vielleicht sogar geboten, wenn es „nur“ um die Entscheidung des Einzelfalles auf der Grundlage eines klaren normativen Maßstabs geht. Wird aber durch die Entscheidung zugleich der Entscheidungsmaßstab begründet, so ist ein zweistufiges Vorgehen geboten. In einem ersten Schritt ist der Entscheidungsmaßstab hinreichend bestimmt und in allgemeingültiger Form herauszuarbeiten. In einem zweiten Schritt ist dieser auf den konkreten Fall anzuwenden. Diese Vorgehensweise ist aus zahlreichen Entscheidungen des Bundesverfassungsgerichts bekannt, das nicht selten neue Rechtssätze des Verfassungsrechts entwickelt und auf den zu entscheidenden Fall zur Anwendung gebracht hat.[54]

Das Bundesarbeitsgericht wird in der Flashmob-Entscheidung mit der negativen Diktion des Leitsatzes den Anforderungen als Ersatzgesetzgeber – die in der Sache wahrgenommen wird – nicht gerecht, insbesondere weil eine grundrechtsbeschränkende Legalisierungswirkung ohne Vermittlung

---

52 BVerfG NZA 1991, 809 (811.).

53 Die Hinweise beziehen sich auf die amtlichen Absatznummern der Flashmob-Entscheidung.

54 Siehe exemplarisch BVerfG NJW 2000, 1097 ff.

klarer Orientierung und damit ohne hinreichende Rechtssicherheit erzeugt wird. Dies wird deutlich, wenn man sich fragt, wie die Kernaussage der Entscheidung lauten würde, gösse man sie in einen Rechtssatz.

3. Zur Reichweite des Grundrechtsschutzes und seiner Legalisierungswirkung

Die zweite zentrale verfassungsrechtliche Problematik der Entscheidung betrifft die nicht substanziell begründete Erweiterung des Personenkreises, der sich auf die Legalisierungswirkung des Grundrechts der Koalitionsfreiheit berufen kann. Die entscheidenden Ausführungen dazu finden sich in den Absatznummern 34 und 35:

> „Daher ist es verfassungsrechtlich geboten, eine durch Art. 9 Abs. 3 GG geschützte koalitionsspezifische Betätigung anzunehmen, wenn das von einer Koalition eingesetzte – friedliche – Mittel der Durchsetzung eines koalitionsspezifischen Ziels, wie insbesondere der Erzwingung eines Tarifvertrags dient."

Diese erste Einordnung der neuen Arbeitskampfform bleibt an der zentralen Stelle, der eingeschobenen Qualifizierung der eingesetzten Mittel als „friedlich", unklar und mehrdeutig. Zunächst ist bereits sprachlich unklar, ob friedlich als Bedingung zu verstehen ist, oder ob darin bereits eine wertende Beurteilung in Bezug auf den Flashmob zum Ausdruck kommt. Klar ist jedenfalls, dass damit nicht der allgemeine Friedlichkeitsvorbehalt gemeint ist, der eine Bedingung der Rechtmäßigkeit des Streiks überhaupt darstellt.

Auch eine Interpretation von friedlich im Sinne von gewaltfrei ergibt keinen Sinn, da die Gewaltanwendung im Zusammenhang mit Streikmaßnahmen ohnehin nicht legitim ist. Es bleibt deshalb nur eine Deutung von friedlich im Sinne von „im Einklang mit der Rechtsordnung", insbesondere dem Zivil- und Strafrecht. Diese Aussage ist aber an dieser frühen Stelle der Urteilsgründe entweder falsch platziert oder in der Sache falsch.

Falsch ist sie dann, wenn das Gericht davon ausgehen sollte, dass das Verhalten der an einer Flashmob-Aktion beteiligten Personen, insbesondere derjenigen, die nicht als organisierte Arbeitnehmer für einen Tarifvertrag kämpfen, mit der allgemeinen Rechtsordnung in Einklang steht, denn es werden sowohl zivil- als auch strafrechtliche Verbotstatbestände erfüllt. Das Betreten der Geschäftsräume und die Verbringung der Gegenstände in die Einkaufswagen ohne Kaufabsicht ist nicht von der Erlaubnis gedeckt, die ein Geschäftsinhaber gegenüber Kaufwilligen und auch bloß kaufinteressierten Personen durch die Eröffnung des Geschäftsbetriebes gegenüber der

Allgemeinheit zum Ausdruck bringt. Wer ausschließlich in Störungsabsicht ein Ladengeschäft betritt und Ware aus- und umräumt, verhält sich rechtswidrig und kann deswegen (!) jederzeit mit einem Hausverbot belegt werden.[55] Implizit geht auch das Bundesarbeitsgericht von dieser rechtlichen Würdigung des Verhaltens aus, wenn es ganz knapp das Hausverbot als wirksames Verteidigungsmittel anführt.

Vollends unklar wird die Gedankenführung aber, wenn man die weiteren Ausführungen in die Betrachtung einbezieht, die sich auf die sachliche Reichweite des Grundrechts der Koalitionsfreiheit beziehen. Sie sind vor dem Hintergrund der Argumentation der Arbeitgeberseite zu lesen, wonach jedenfalls die Mitwirkung nicht gewerkschaftlich organisierter Dritter nicht durch das Grundrecht der Koalitionsfreiheit gedeckt ist und deshalb nicht an seiner Legalisierungswirkung teilhaben kann. Es heißt unter AbsatzNr. 35:

> „Entgegen der Auffassung des Klägers ist daher der Schutzbereich des Art. 9 Abs. 3 GG auch nicht etwa deshalb versperrt, weil nicht von vornherein ausgeschlossen werden kann, dass sich an gewerkschaftlichen „Flashmob-Aktionen" auch Dritte beteiligen. Hierdurch wird die Aktion nicht typischerweise zum Demonstrationsarbeitskampf, der auf eine kollektive Meinungsäußerung zu etwaigen politischen, gesellschaftlichen oder wirtschaftlichen Verhältnissen gerichtet ist und nicht der Durchsetzung tariflicher Forderungen dient."

Offenbar geht das Bundesarbeitsgericht hier vom Grundrechtsgebrauch durch die Gewerkschaft aus und prüft nicht genauer, ob sich die „Dritten" auch selbst auf das Grundrecht der Koalitionsfreiheit berufen können. Das wäre aber für die Erstreckung der Legalisierungswirkung in Bezug auf ihr – wie gezeigt – rechtswidriges Verhalten, zu dem sie durch die Gewerkschaft aufgerufen wurden, erforderlich. Die Entscheidung ist deshalb an dieser Stelle bereits handwerklich unsauber und verhüllt mehr als sie erklärt. Sie bricht zudem auch aus dem Rahmen aus, den zuvor im Rückblick auf die Rechtsprechungsentwicklung ausgeleuchtete die evolutionäre Erweiterung des Grundrechtsschutzes etabliert hat. Denn in allen diesen Fällen ging es immer nur um das Verhalten von Personen und Organisationen, deren Grundrechtsberechtigung in Bezug auf die Koalitionsfreiheit außer Frage stand, die also gewerkschaftlich organisiert waren.

Sollte die Entscheidung so zu verstehen sein, dass auch für die mitwirkenden Dritten das Grundrecht der Koalitionsfreiheit seine legalisierende Wirkung entfaltet, so würde dies eine von Wortlaut und Zielsetzung des

55 Dazu näher *Otto*, (Fn. 46), S. 15 (39 ff.).

Grundrechts nicht mehr gedeckte Erweiterung darstellen, die verfassungsrechtlich nicht haltbar ist. Die Koalitionsfreiheit ist als Sonderform der Vereinigungsfreiheit auf den förmlichen Zusammenschluss bezogen, der nur in engen institutionell fassbaren Grenzen erweitert werden kann. Dabei kann die Außenseiter-Rechtsprechung nicht als Beleg für eine Erweiterung auf der Arbeitgeberseite herangezogen werden, da bereits der einzelne Arbeitgeber tariffähig ist und Arbeitskampfmittel einsetzen darf, ohne einem Verband anzugehören. Dies ist eine Folge der asymmetrischen Konstellation im Tarifrecht.

Da das Verhalten Dritter, deren rechtswidriges Verhalten selbst nicht durch die Koalitionsfreiheit geschützt und legalisiert ist, nicht durch die Einbeziehung in das Arbeitskampfkonzept der Gewerkschaft unter deren grundrechtlichen Schutzschirm schlüpfen können, ergibt sich bereits aus der Rechtsprechung, nach der die Gewerkschaft für das rechtswidrige Verhalten einzelnen Streikposten haftungsrechtlich einzustehen hat.[56]

4. Die Verteidigungsmittel des Arbeitgebers

Wie bereits angedeutet wurde, geht das Bundesarbeitsgericht davon aus, dass ein Arbeitgeber gegenüber einer Flashmob-Aktion über wirksame Verteidigungsmittel verfügt. Dabei handelt es sich um eine verfassungsrechtliche Bedingung der Zulässigkeit des Arbeitskampfmittels, wie das Gericht selbst in AbsatzNr. 39 klarstellt:

> „Unvereinbar mit Art. 9 Abs. 3 GG ist daher eine Ausgestaltung, wenn sie dazu führt, dass die Verhandlungsfähigkeit einer Tarifvertragspartei bei Tarifauseinandersetzungen einschließlich der Fähigkeit, einen wirksamen Arbeitskampf zu führen, nicht mehr gewahrt ist oder ihre koalitionsmäßige Betätigung weitergehend beschränkt wird, als es zum Ausgleich der beiderseitigen Grundrechtspositionen erforderlich ist (BVerfGE 92, 365; BAGE 123, 134)."

In der die Entscheidung kommentierenden Literatur ist indes mit großer Deutlichkeit herausgearbeitet worden, dass eine solche wirksame Verteidigungsmöglichkeit tatsächlich auch nicht ansatzweise besteht.[57] Das Hausrecht, mit dem vor allem gegenüber den von der Gewerkschaft aktivierten Dritten reagiert werden kann, greift erstens zu spät und könnte nur unter der Hinnahme der Verprellung von „normalen" Kunden zur Anwendung kom-

56 BAG NZA 1988, 846 ff.

57 Siehe nur *Thüsing/Waldhoff*, ZfA 2011, S. 329 (361 ff.).

men, da eine sichere Identifizierung vor Betreten des Ladenlokals kaum möglich ist. Die Betriebsschließung ist ebenfalls nicht praktikabel, da die Arbeitnehmer benötigt werden, um das erzeugte Chaos zu beseitigen und den Normalbetrieb wieder zu ermöglichen. Es bleibt das Geheimnis des Bundesarbeitsgerichts, was es sich bei dieser Argumentation gedacht hat.

Noch gravierender als diese Fehleinschätzung ist aber der eklatante Wertungswiderspruch, den der Hinweis auf diese Verteidigungsmittel im Verhältnis zu der Qualifikation des Verhaltens insgesamt als friedlich in sich birgt. Auch darauf wurde schon hingewiesen.

5. Verhältnismäßigkeitskontrolle und Einschätzungsprärogative

Schon die bisherige, vom Bundesverfassungsgericht teilweise explizit gebilligte[58] Rechtsprechungsentwicklung basierte auf dem Ansatz, insbesondere der Arbeitnehmerseite eine weite Einschätzungsprärogative in Bezug auf die Erforderlichkeit des Einsatzes bestimmter Kampfmittel zuzubilligen. Solange es sich dabei um herkömmliche und damit in ihren Wirkungen für die Gegenseite voraussehbare Methoden des Arbeitskampfes handelte, war dies auch hinnehmbar. Innerhalb dieses Rahmens verstößt auch eine richterrechtliche Erweiterung des rechtlichen Rahmens für die Arbeitskampfmittel nicht gegen den Grundsatz des Vertrauensschutzes, weil es zu Art. 9 Abs. 3 GG keinen gesicherten Bestand überkommener Arbeitskampfmittel gibt, auf den die Tarifparteien beschränkt und verwiesen wären.[59]

Diese Einschätzung ist aber nur haltbar, solange es einen voraussehbaren Rahmen der Arbeitskampfmittel gibt, auf den sich die Gegenseite einstellen kann und der auch den grundsätzlichen Anforderungen der Parität entspricht.[60] Dass dieser Rahmen nun verlassen wird, zeigt die insoweit entscheidende Passage der Flashmob-Entscheidung in AbsatzNr 42:

> „Geeignet ist ein Kampfmittel, wenn durch seinen Einsatz die Durchsetzung des Kampfziels gefördert werden kann. Dabei kommt den einen Arbeitskampf führenden Koalitionen eine Einschätzungsprärogative zu. Sie haben einen Beurteilungsspielraum bei der Frage, ob eine Arbeitskampfmaßnahme geeignet ist, Druck auf den sozialen Gegenspieler auszuüben. Die Einschätzungspräro-

---

58 Siehe z.B. BVerfG NZA 1991, 809 (811).

59 BVerfG NZA 1991, 809 (811).

60 Dazu näher *Thüsing/Waldhoff*, ZfA 2011, S. 329 (361 ff.).

> gative ist Teil der durch Art. 9 Abs. 3 GG geschützten Freiheit in der Wahl der Arbeitskampfmittel."

Der hier begründete Handlungsspielraum wird durch die gleichzeitige Entgrenzung der zulässigen Kampfmittel jedoch überdehnt und erzeugt Unsicherheit und ein Ungleichgewicht um Arbeitskampf, das mit dem gesetzgeberischen Ordnungsauftrag nicht mehr vereinbar ist.

Vor dem Hintergrund dieser Erkenntnisse kann abschließend auch die Frage beantwortet werden, ob und mit welcher Reichweite und Verbindlichkeit aus Art. 9 Abs. 3 GG ein numerus clausus der Arbeitskampfformen abgeleitet werden kann oder muss.

III. Numerus clausus der Arbeitskampfformen versus Arbeitskampffreiheit

In Gestalt einer weit verstandenen und die „Erfindung" neuer Instrumente des Arbeitskampfes einschließenden Arbeitskampffreiheit einerseits und dem Konzept eines *numerus clausus* der Arbeitskampfformen andererseits stehen sich zwei Konzeptionen gegenüber, die Ausdruck grundsätzlich verschiedener Interpretationen der Koalitionsfreiheit sind.

Die Konzeption eines *numerus clausus* der Arbeitskampfmittel knüpft an ein striktes Verständnis der Friedenspflicht, eine Begrenzung des Arbeitskampfrechts auf betroffene Beschäftigte, eine weite Zurechnung von Exzessen und eine Anwendung des Verhältnismäßigkeitsgrundsatzes auf abstrakt-prognostischer Ebene an.[61] Sie ist in ein institutionelles Grundverständnis eingebunden, das den Arbeitskampf als Auseinandersetzung zwischen den um den Tarifvertrag ringenden Arbeitgebern und Arbeitnehmern versteht und dabei nur geringfügige Erweiterung des am Arbeitskampf beteiligten Personenkreises zulässt. Zudem wird das verfassungsrechtliche Verbot der Verletzung von Rechten (Dritter) im Rahmen eines grundrechtlichen Freiheitsgebrauchs besonders hervorgehoben.[62]

Die Konzeption einer offen und dynamisch verstandenen Arbeitskampffreiheit betont demgegenüber die Freiheit der Koalitionen, ihre Kampfmittel den sich wandelnden Umständen anzupassen (atypische Kampfmittel), soweit dies erforderlich ist, um dem Gegner gewachsen zu bleiben und ausgewogene Tarifabschlüsse zu erzielen sowie in diesem Zusammenhang auch

---

61 *Thüsing/Waldhoff*, ZfA 2011, S. 329.
62 *Otto*, (Fn. 46), S. 15 (39 ff.).

Dritte bzw. die Öffentlichkeit in den Arbeitskampf einzubeziehen.[63] Eine Beschränkung des Arbeitskampfes auf die arbeitsvertraglichen Hauptleistungen bzw. ihre Verweigerung wird abgelehnt. Zugleich wird die Koalitionsfreiheit als ein Grundrecht verstanden, das grundsätzlich rechtswidrige Verhaltensweisen „legalisieren" kann, auch wenn es sich dabei um durch die Gewerkschaft einbezogene „Dritte" handelt, wie im Fall der Flashmob-Aktionen.[64]

Die vorstehenden Überlegungen haben gezeigt, dass weder das Bundesarbeitsgericht noch das Bundesverfassungsgericht von einem strikten Verständnis der Arbeitskampfmittel ausgehen, das die Bezeichnung *numerus clausus* verdient. Das Bundesverfassungsgericht hat dazu 1991 festgestellt, dass kein Anhaltspunkt dafür besteht, „dass die überkommenen Kampfmittel in ihrer historischen Ausprägung vom Verfassungsgeber als Ausdruck eines prästabilen Gleichgewichts angesehen worden wären."[65] Zugleich hat es deutlich gemacht, dass es keinen Vertrauensschutz gegenüber einer Erweiterung des Kanons zulässiger Kampfmittel durch die Rechtsprechung gibt und sich auch insoweit zu einem dynamischen Verständnis bekannt.[66].

Die Auseinandersetzung mit der Flashmob-Entscheidung, die ausdrücklich die Annahme eines *numerus clausus* der Arbeitskampfmittel ablehnt, hat aber auch gezeigt, dass damit nicht das Tor für eine beliebige Erweiterung des Arsenals der Arbeitskampfmittel geöffnet ist. Jedenfalls bei solchen Kampfmitteln, deren Anwendung zu Verletzungen von Rechten und rechtlich geschützten Interessen der Arbeitgeber führen, ist das Arbeitskampfrecht auf die Legalisierungswirkung des Grundrechts angewiesen, die nur von solchen Personen in Anspruch genommen werden kann, die selbst Träger des Grundrechts sind. Damit scheidet die Einbeziehung Dritter, für die das in Bezug auf den konkreten Arbeitskampf nicht zutrifft, in die Legalisierungswirkung aus.

IV. Ausblick

Die Flashmob-Entscheidung bricht aus der bisherigen Entwicklung der Rechtsprechung des Bundesarbeitsgerichts nicht nur insoweit aus, als sie

63 Exemplarisch *Rehder/Deinert/Callsen*, (Fn. 20), S. 68 ff.
64 *Rehder/Deinert/Callsen*, (Fn. 20), S. 85 ff.
65 BVerfG NZA 1991, 809 (811).
66 BVerfG NZA 1991, 809 (810).

den durch die beiden grundlegenden Entscheidungen des Großen Senats gesetzten Rahmen verlässt,[67] sondern auch, indem erstmalig die von der Koalitionsfreiheit ausgehende Legalisierungswirkung auf Dritte erstreckt wird. Die gegen dieses Ergebnis sprechenden Gründe wurden vorstehend aufgezeigt.

Hinzu kommt, dass die Entscheidung handwerklich unzureichend ist, unter anderem weil sie an wichtigen Stellen Wertungswidersprüche aufweist und es zu den zentralen an klaren Begründungen fehlt.

Mit seinen negativ gefassten Orientierungssätzen versagt das Bundesarbeitsgericht zudem in seiner Rolle als Ersatzgesetzgebung, von dem klare und für die betroffenen Akteure handlungsleitend rezipierbare Orientierungen erwartet werden dürfen.

67 Dazu näher *Thüsing/Waldhoff*, ZfA 2011, S. 329 (369 ff.).

Streikverbot im kirchlichen Dienst: Kein „überholtes Privilegienbündel“, sondern Ausdruck des Selbstverständnisses und Selbstbestimmungsrechts der Kirchen

Gregor Thüsing

I. Eine aktuelle Diskussion über die juristischen Grenzen hinaus

Zeitschrift für Rechtspolitik 2012: Für *Harmut Kreß* ist es klar, „dass der in den 1950er-Jahren etablierte kirchlich-arbeitsrechtliche Sonderweg mit der gesellschaftlichen Realität der Gegenwart und mit rechtsethischen Prinzipien – Rechtssicherheit, Einheit der Rechtsordnung, Gerechtigkeit, Zweckmäßigkeit – nicht mehr in Einklang steht“.[1] Er erhält dabei Zuspruch, wiederum in der ZRP, etwa von *Erich Sczepanski*[2] – der dabei freilich nicht offenbart, dass er Mitglied der ver.di Landes- und Bundesfachkommission Kirchen ist. In Heft 4 2013 legt *Kreß* nochmal nach, wenn er unter der Überschrift des „umstrittenen Privilegienbündels“[3] kritisiert, dass „die korporative Selbstbestimmung der Kirche immer wieder in moralische Fremdbestimmung über ihre Beschäftigten“ umschlage. In diesem Beitrag spekuliert er auch über die Erfolgsaussichten einer Verfassungsbeschwerde gegen die Entscheidung des BAG vom 20. November 2012 zum Streikrecht im kirchlichen Dienst - für einen Nichtjuristen ungewöhnlich. Ebenso fordert er, „dass kirchliche Träger die staatlichen Normen und die Grundrechte wahren sollten“ – und unterstellt damit, dass sie es bislang nicht tun. Die Kirchen also als institutionelle Gesetzesbrecher?

II. Um welche Pflichten geht es?

Wer hier antworten will, muss weiter ausholen. Ausgangspunkt des kirchlichen Arbeitsrechts ist die Wahrung des kirchlichen Propriums. Dieses hat

1 *Kreß,* ZRP 2012, S. 61.
2 *Sczepanski,* ZRP 2012, S. 103.
3 *Kreß,* ZRP 2013, S. 103 (104).

seinen greifbarsten Ausdruck im Gedanken der kirchlichen Dienstgemeinschaft gefunden. Die durch die Kirche und ihre Gliederungen Beschäftigten bilden eine Gemeinschaft, die für die katholische Kirche in der 1993 von der Deutschen Bischofskonferenz verabschiedeten Grundordnung des kirchlichen Dienstes im Rahmen kirchlicher Arbeitsverhältnisse verbindlich beschrieben ist:

> „Alle in einer Einrichtung der katholischen Kirche Tätigen tragen durch ihre Arbeit ohne Rücksicht auf die arbeitsrechtliche Stellung gemeinsam dazu bei, dass die Einrichtung ihren Teil am Sendungsauftrag der Kirche erfüllen kann (Dienstgemeinschaft)" (Art. 1 GrO)
> „Die Gestaltung des kirchlichen Arbeitsverhältnisses geht von der Dienstgemeinschaft aller aus, in der jede Mitarbeiterin und jeder Mitarbeiter das kirchliche Selbstverständnis der Einrichtung anerkennt und dem dienstlichen Handeln zugrunde legt. Das verpflichtet jede Mitarbeiterin und jeden Mitarbeiter zu einer Leistung und Loyalität, die der Stellung der Einrichtung in der Kirche und der übertragenen Aufgabe gerecht werden." (Abschn. III.1 der Erklärung zur Grundordnung)

Auf evangelischer Seite finden sich ganz ähnliche Bekenntnisse. In der Präambel des MVG.EKD (und ähnlich in § 2 Abs. 1 der 2005 geschaffenen Loyalitätsrichtlinie) heißt es:

> „Kirchlicher Dienst ist durch den Auftrag bestimmt, das Evangelium in Wort und Tat zu verkündigen. Alle Frauen und Männer, die beruflich in Kirche und Diakonie tätig sind, wirken als Mitarbeiterinnen und Mitarbeiter an der Erfüllung dieses Auftrages mit. Die gemeinsame Verantwortung für den Dienst der Kirche und ihrer Diakonie verbindet Dienststellenleitungen und Mitarbeiter wie Mitarbeiterinnen zu einer Dienstgemeinschaft und verpflichtet sie zu vertrauensvoller Zusammenarbeit."

Die Rechtsprechung und auch das ganz herrschende Schrifttum akzeptieren dieses Verständnis kirchlicher Dienstgemeinschaft als Datum, dem das Arbeitsrecht Rechnung zu tragen hat. Das BVerfG stellte klar, dass die Einbeziehung der kirchlichen Arbeitsverhältnisse in das staatliche Arbeitsrecht die verfassungsrechtlich geschützte Eigenart des kirchlichen Dienstes nicht in Frage stellen darf, wobei sich nach den von der verfassten Kirche anerkannten Maßstäben richtet, welche kirchlichen Grundverpflichtungen als Gegenstand des Arbeitsverhältnisses bedeutsam sein können.[4]

Der Lackmustest, den jede Regelung des kirchlichen Arbeitsrechts zu bestehen hat, ist damit die Antwort auf die Frage, ob es dem Schutz dieser

4 BVerfGE 70, 138 (165 ff.); vgl. auch *Richardi*, AR-Blattei Abschnitt 960 Kirchenbedienstete, Rn. 9.

kirchlichen Dienstgemeinschaft dient, ob es hilft, den Geist christlicher Nächstenliebe und Verkündung nicht nur in der Tätigkeit selbst, sondern auch ihrer arbeitsrechtlichen Ordnung wahrnehmbar werden zu lassen. Hierzu können auch unpopuläre Maßnahmen gehören: Wer aus der Kirche austritt, der wendet sich im öffentlichen Akt von der Kirche ab, der begibt sich kirchenrechtlich in Schisma, Apostasie oder Häresie, der mag – egal aus welcher Position – gekündigt werden. Handelt die Kirche anders, läuft sie mitunter Gefahr, dass sie und ihr Arbeitsrecht an Glaubwürdigkeit verliert.

Zu diesen Pflichten gehört auch einerseits ausdrücklich die Garantie der Koalitionsfreiheit, anderseits der Verzicht auf das Streikrecht. Hierzu heißt es exemplarisch in Artt. 6 und 7 GrO:

> *Artikel 6 Koalitionsfreiheit*
> (1) Die Mitarbeiterinnen und Mitarbeiter des kirchlichen Dienstes können sich in Ausübung ihrer Koalitionsfreiheit als kirchliche Arbeitnehmer zur Beeinflussung der Gestaltung ihrer Arbeits- und Wirtschaftsbedingungen in Vereinigungen (Koalitionen) zusammenschließen, diesen beitreten und sich in ihnen betätigen. Die Mitarbeiterinnen und Mitarbeiter sind berechtigt, innerhalb ihrer Einrichtung für den Beitritt zu diesen Koalitionen zu werben, über deren Aufgaben und Tätigkeit zu informieren sowie Koalitionsmitglieder zu betreuen. Die Koalitionsfreiheit entbindet sie aber nicht von der Pflicht, ihre Arbeit als Beitrag zum Auftrag der Kirche zu leisten.
> (2) Wegen der Zielsetzung des kirchlichen Dienstes muß eine Vereinigung dessen Eigenart und die sich daraus für die Mitarbeiterinnen und Mitarbeiter ergebenden Loyalitätsobliegenheiten anerkennen. Vereinigungen, die diesen Anforderungen gerecht werden, können die ihnen angehörenden Mitarbeiterinnen und Mitarbeiter bei der zulässigen Koalitionsbetätigung in der Einrichtung unterstützen. Dabei haben sie und die ihnen angehörenden Mitarbeiterinnen und Mitarbeiter darauf zu achten, daß die Arbeit einer kirchlichen Einrichtung unter einem geistig-religiösen Auftrag steht. Sie müssen das verfassungsmäßige Selbstbestimmungsrecht der Kirche zur Gestaltung der sozialen Ordnung ihres Dienstes respektieren.
> *Artikel 7 Beteiligung der Mitarbeiterinnen und Mitarbeiter an der Gestaltung ihrer Arbeitsbedingungen*
> (1) Das Verhandlungsgleichgewicht ihrer abhängig beschäftigten Mitarbeiterinnen und Mitarbeiter bei Abschluß und Gestaltung der Arbeitsverträge sichert die katholische Kirche durch das ihr verfassungsmäßig gewährleistete Recht, ein eigenes Arbeitsrechts-Regelungsverfahren zu schaffen. Rechtsnormen für den Inhalt der Arbeitsverhältnisse kommen zustande durch Beschlüsse von Kommissionen, die mit Vertretern der Dienstgeber und Vertretern der Mitarbeiter paritätisch besetzt sind. Die Beschlüsse dieser Kommissionen bedürfen der bischöflichen Inkraftsetzung für das jeweilige Bistum. Das Nähere, insbesondere die jeweiligen Zuständigkeiten, regeln die KODA-Ordnungen. Die Kommissionen sind an diese Grundordnung gebunden.

(2) Wegen der Einheit des kirchlichen Dienstes und der Dienstgemeinschaft als Strukturprinzip des kirchlichen Arbeitsrechts schließen kirchliche Dienstgeber keine Tarifverträge mit Gewerkschaften ab. Streik und Aussperrung scheiden ebenfalls aus.

III. Das kirchliche Petitum genießt verfassungsrechtlichen Schutz – aber auch: Nicht jede Pflicht akzeptiert die Rechtsordnung

Die Kirchen nehmen damit ihr Selbstverwaltungsrecht aus Art. 140 GG i.V.m. Art. 137 Abs. 3 WRV wahr. So hat das BVerfG als authentischer Interpret der Verfassung festgestellt „-grundsätzlich den verfassten Kirchen überlassen [ist], verbindlich zu bestimmen, was ‚die Glaubwürdigkeit der Kirche und ihrer Verkündigung erfordert', was ‚spezifisch kircheneigene Aufgaben' sind, was ‚Nähe' zu ihnen bedeutet, welches die ‚wesentlichen Grundsätze der Glaubens- und Sittenlehre' sind und was als – gegebenenfalls schwerer – Verstoß gegen diese anzusehen ist".[5] Denn wie wollte das auch der Staat? Dazu bedarf es des *sentire cum ecclesia*; das kann von einem weltlichen Gericht nicht verlangt werden.

Die Autonomie und die aus ihr resultierenden kirchlichen Vorgaben dürfen sich allerdings nicht in Widerspruch zu den Grundprinzipien der Rechtsordnung stellen, wie das allgemeine Willkürverbot, die Wahrung der guten Sitten und den *ordre public*. Diese Begrenzung – der Widerspruch zu Grundprinzipien der Rechtsordnung – findet sich nicht ausdrücklich im Wortlaut der Verfassung, die als Schranke nur die allgemeinen Gesetze benennt, entspricht jedoch dem im IPR gewohntem Muster zur Abgrenzung und Akzeptanz anderer Rechtskreise. Das BAG hat diesen Ansatz noch einmal jüngst bestätigt.[6]

IV. Die Grundrechte des Arbeitnehmers werden dabei nicht negiert, sondern in einen angemessenen Ausgleich gebracht

Eine Verletzung dieser Pflichten rechtfertigt nicht bereits aus sich heraus eine arbeitsrechtliche Sanktion – sie müssen in einen Ausgleich mit den Rechten des Arbeitnehmers gesetzt werden. Einen Weg der „praktischen

5 BVerfGE 70, 138 (165 ff.).
6 BAG vom 25.4.2013 – 2 AZR 579/12 – Kündigung wegen Kirchenaustritt.

Konkordanz" geht in seiner neueren Entscheidung das BAG[7] gerade in Bezug auf das Streikrecht im kirchlichen Dienst:

> „Verfügt eine Religionsgesellschaft über ein am Leitbild der Dienstgemeinschaft ausgerichtetes Arbeitsrechtsregelungsverfahren, bei dem die Dienstnehmerseite und die Dienstgeberseite in einer paritätisch besetzten Kommission die Arbeitsbedingungen der Beschäftigten gemeinsam aushandeln und einen Konflikt durch den neutralen Vorsitzenden einer Schlichtungskommission lösen (sog. Dritter Weg), dürfen Gewerkschaften nicht zu einem Streik aufrufen. Das gilt jedoch nur, soweit Gewerkschaften in dieses Verfahren organisatorisch eingebunden sind und das Verhandlungsergebnis für die Dienstgeberseite als Mindestarbeitsbedingung verbindlich ist."

Im Ergebnis ist dieser Weg zu begrüßen. Die Gewerkschaften werden in die kirchliche Lohnfindung eingebunden – aber das der Dienstgemeinschaft widersprechende Streikrecht bleibt außen vor. Diesen Weg können und müssen die Kirchen akzeptieren. Denn der staatlich anerkannte Freiraum ist nie als Freistellung zur Beliebigkeit verstanden worden. Den Kirchen ist garantiert, dass für die Gestaltung des kirchlichen Dienstes und seiner arbeitsrechtlichen Ordnung eine Regelungsautonomie besteht, damit sie die besonderen kirchlichen Aspekte in der vom kirchlichen Selbstverständnis gebotenen Form verwirklichen können. Dieser Freiraum ist Auftrag, das weltliche Arbeitsrecht an die Besonderheiten des kirchlichen Dienstes anzupassen. Im jüngsten arbeitsrechtlichen Regelwerk mit einer Exemption des kirchlichen Bereichs, der Werkstätten-Mitwirkungsverordnung vom 25.6.2001, wird die Kirchenklausel daher wie folgt gefasst:

> „Diese Verordnung findet keine Anwendung auf Religionsgemeinschaften und ihre Einrichtungen, soweit sie eigene gleichwertige Regelungen schaffen" (§ 1 Abs. 2)

Das Grundmuster liegt damit klar vor Augen: *Mutatur, non tollitur*: Dem kirchlichen Arbeitnehmer soll der arbeitsrechtliche Schutz also nicht genommen, sondern nur gewandelt werden. Man hätte sich andere Wege vorstellen können, doch wird dieses durch diesen Kompromiss des BAG in einer glücklichen Form gewährleistet. Die dagegen erhobene Verfassungsbeschwerde ist nicht nur unzulässig – weil prozessual von der nicht belasteten Partei erhoben –, sondern auch unbegründet. Im Übrigen: Ein Blick auf das Lohnniveau im caritativen und diakonischen Dienst zeigt, dass hier kirchli-

7 BAG vom 20.11.2012, 1 AZR 179/11, NZA 2013, S. 448.

che Mitarbeiter zuweilen weitaus besser dastehen als unter dem Schutz zweifelhafter Haustarifverträge.

Eine weniger glückliche Hand hatte das BAG bei dem Versuch, andere Loyalitätspflichten zu überprüfen. Allerdings stellte es in seiner jüngsten einschlägigen Entscheidung[8] zu Recht fest: „Der Austritt eines im verkündigungsnahen Bereich eingesetzten Mitarbeiters einer ihrer Einrichtungen aus der katholischen Kirche kann die – ggf. außerordentliche – Kündigung des Arbeitsverhältnisses rechtfertigen“. Und auch war es richtig, festzustellen: „Der Mitarbeiter, der aus der katholischen Kirche austritt, kehrt sich gänzlich von der nach ihrem Verständnis auch in der Dienstgemeinschaft wirksamen Glaubensgemeinschaft ab. Von ihm kann nicht mehr zuverlässig erwartet werden, dass er noch am Sendungsauftrag der Kirche teilnehmen und sich an der Glaubens- und Sittenlehre der katholischen Kirche orientieren will“. Und deshalb können und müssen zuweilen hieraus arbeitsrechtliche Konsequenzen gezogen werden. Wer anders argumentiert, der verkennt, dass der Schutzbereich des kirchlichen Selbstbestimmungsrechts auch die individual- und kollektivrechtliche Ausgestaltung der Arbeitsbedingungen der in kirchlichen Einrichtungen beschäftigten Arbeitnehmer erfasst.[9] Nach Art. 140 GG iVm. Art. 137 Abs. 3 Satz 1 WRV ordnet und verwaltet jede Religionsgesellschaft ihre Angelegenheiten innerhalb der Schranken der für alle geltenden Gesetze. Hierzu gehören alle Maßnahmen, die in Verfolgung der vom kirchlichen Grundauftrag bestimmten Aufgaben zu treffen sind, wie Vorgaben struktureller Art, die Personalauswahl und die mit diesen Entscheidungen untrennbar verbundene Vorsorge zur Sicherstellung der „religiösen Dimension“ des Wirkens im Sinne des kirchlichen Selbstverständnisses. Dies schließt die rechtliche Vorsorge für die Wahrnehmung kirchlicher Dienste durch den Abschluss privatrechtlicher Arbeitsverträge ein. [10]

Falsch war es jedoch, in der Abwägung der Grundrechte des Arbeitnehmers und des Selbstbestimmungsrechts der Kirche auch darauf abzustellen, aus welchen Gründen der Arbeitnehmer aus der Kirche austritt. Kirchenrechtlich ist dieser Schritt ohne Bedeutung – und so muss er es auch in Ansehung des weltlichen Rechts sein. Denn durch diese Argumentation formuliert das BAG seine eigene Einschätzung dazu, was einen schwerwiegenden Loyalitätsverstoß konstituiert oder abmildert, und setzt dies an die

---

8 BAG vom 25.4.2013 – 2 AZR 579/12 – Kündigung wegen Kirchenaustritt.

9 BAG vom 20.11.2012 – 1 AZR 179/11, NZA 2013, – Rn. 94.

10 Vgl. BVerfGE 70, 138, B II 1 b bis c der Gründe; BAG vom 20.11.2012 – 1 AZR 179/11 – Rn. 95; BAGE 139, 144, Rn. 22.

Stelle des Urteils der Kirche. Das Gericht darf jedoch nicht seine eigene Einschätzung dazu, was einen schwerwiegenden Loyalitätsverstoß konstituiert oder abmildert, an die Stelle des Urteils der Kirche setzen – auch wenn ihm das Urteil der Kirche unlogisch oder gar nur unangemessen erscheinen mag. So wägt es nicht nur das Selbstbestimmungsrecht mit gegenläufigen Rechten des Arbeitnehmers ab – zulässig und geboten -, sondern versucht, das Gewicht des Loyalitätsverstoßes selbst abweichend von den kirchlichen Maßstäben zu bestimmen. [11]

V. Praktische Folgen

Wie nun soll die Gewerkschaftsbeteiligung sichergestellt werden? Die Praxis steht vor dem Problem, dass sich das BAG eben nicht genau dazu geäußert hat, wie die geforderte Beteiligung der Gewerkschaften auszusehen hat. Zuerst mag man an ein Vorschlagsrecht der Gewerkschaften denken, ähnlich dem Recht der Unternehmensmitbestimmung. Doch kann nicht ausgeschlossen werden, dass dem BAG ein bloßes Vorschlagsrecht nicht ausreichen würde, es also darauf bestehen würde, dass sichergestellt wäre, dass die Gewerkschaften auch tatsächlich in den Arbeitsrechtlichen Kommissionen vertreten sind. Da das BAG in seinem Urteil aber auch den Gestaltungsspielraum der Kirchen betont hat, sollte aber davon auszugehen sein, dass ein solches Vorschlagsrecht genügt. Will man einen Schritt weiter gehen, wäre es auch denkbar, den Gewerkschaften direkt eine feste Anzahl an Mitgliedern der Dienstnehmerseite zuzusagen. Konkrete Leitlinien zu diesen Wegen könnten dabei im Betriebsverfassungsgesetz gefunden werden. Auch das BetrVG etwa kennt ein Vorschlagsrecht der Gewerkschaften, in § 14 Abs. 3 BetrVG heißt es:

> „Zur Wahl des Betriebsrats können die wahlberechtigten Arbeitnehmer und die im Betrieb vertretenen Gewerkschaften Wahlvorschläge machen."

Dies ließe sich etwa für die Möglichkeit eines Vorschlagsrechts für die Wahl der Mitglieder der Dienstnehmerseite der arbeitsrechtlichen Kommissionen übernehmen. Auch Quoten für das Ergebnis der Wahlen, also die tatsächlich gewählten Mitglieder (und nicht nur die Vorschläge) kennt das BetrVG. So

11 Ebenso – und deutlicher noch – in diese Richtung freilich auch BAG vom 8.9.2011, 2 AZR 543/10, NZA 2012, 443, insb. Rn. 41 ff.

sieht es in § 15 Abs. 2 BetrVG eine Quote für das unterrepräsentierte Geschlecht vor:

> „Das Geschlecht, das in der Belegschaft in der Minderheit ist, muss mindestens entsprechend seinem zahlenmäßigen Verhältnis im Betriebsrat vertreten sein, wenn dieser aus mindestens drei Mitgliedern besteht."

Sollte gewünscht sein, dass eine Beteiligung der Gewerkschaft auch in der arbeitsrechtlichen Kommission sichergestellt (und nicht nur über Wahlvorschläge ermöglicht) wird, wäre eine Orientierung hieran (und an der Vorschrift in § 5 der zum BetrVG erlassenen Wahlordnung, die die konkrete Prozedur regelt) möglich. Dabei könnte – ähnlich wie in dieser gesetzlichen Regelung – eine Quote entsprechend des Anteils der Gewerkschaftsmitglieder an den Dienstnehmern insgesamt eingeführt werden. Es dürfte aber auch nichts dagegen sprechen, den Gewerkschaften einfach eine feste Anzahl an Plätzen in der Dienstnehmerseite der Kommission zu reservieren. Eine Orientierung könnte hier an Regelungen erfolgen, die bereits heute die Plätze der Dienstnehmerseite auf verschiedene Einrichtungen vorsieht. Entsprechend könnte auch ein Platz (oder mehrere) Gewerkschaftsmitgliedern zugeteilt werden.

VI. Die Kirchen sind Diener am Gemeinwohl

Zum Ende ein Schritt zurück: Ob das große Engagement der Kirchen, nicht zuletzt im sozialen Bereich, auch in Zukunft sinnvoll ist, entscheidet freilich weder das Verfassungsrecht, noch das Arbeitsrecht, sondern die Art und Weise, wie die Arbeitnehmer im kirchlichen Dienst ihre Aufgabe begreifen und ausfüllen. Die Wahrung des kirchlichen Propriums ist Aufgabe der Kirche und ihrer Mitarbeiter, nicht des Staates. Dieser freilich muss den rechtlichen Rahmen setzen, innerhalb dessen sich kirchlicher Dienst realisieren kann. Trotz dieser jüngsten letzten Fehllinie: Nach wie vor sind die Gerichte bereit, die sich aus dem kirchlichen Selbstverständnis ergebenden Besonderheiten zu berücksichtigen – eine Abkehr in breiter Front von diesem Grundgerüst ist nicht festzustellen. Und dies, wie es scheint, nicht allein wegen der uneinnehmbaren Bastion des Art. 140 GG, Art. 137 WRV, sondern aus einem ernsthaften Bemühen heraus, den Kirchen keine Fesseln anzulegen, die sie in der Erfüllung ihres Sendungsauftrags und ihrer der gesamten Gesellschaft nutzenden karitativen Arbeit unzumutbar behindern könnten. Es bleibt freilich wichtig, die Grenzen aufzuzeigen, außerhalb derer auch das kirchliche Selbstverwaltungsrecht und die Besonderheiten des kirchlichen Dienstes nicht geeignet sind, eine Abweichung von allgemeinen arbeitsrechtlichen Grundsätzen zu rechtfertigen. Es gilt, die das kirchliche Arbeitsrecht tragenden theologischen Wertungen offenzulegen und einer immer säkulareren Welt zu vermitteln. Behält man dies im Bewusstsein, wird auch in Zukunft ein ausgewogenes kirchliches Arbeitsrecht die Interessen aller Mitglieder der Dienstgemeinschaft angemessen schützen – und das ist gut so.

Anhang – Privater Gesetzentwurf mit Begründung: Gesetz zur Regelung kollektiver Arbeitskonflikte in der Daseinsvorsorge[1]

Martin Franzen, Gregor Thüsing und Christian Waldhoff

I. Gesetzeswortlaut

Gesetz zur Regelung kollektiver Arbeitskonflikte in der Daseinsvorsorge

§ 1 Gesetzeszweck

(1) Zweck des Gesetzes ist die Regelung kollektiver Arbeitskonflikte in der Daseinsvorsorge.
(2) Kollektive Arbeitskonflikte sind Auseinandersetzungen mit dem Ziel, den Abschluss eines Tarifvertrags durchzusetzen oder abzuwenden.
(3) Soweit dieses Gesetz keine Regelung trifft, gelten die Rechtsgrundsätze des Arbeitskampfrechts sowie die übrigen Rechtsvorschriften des kollektiven Arbeitsrechts.

§ 2 Geltungsbereich

Zur Daseinsvorsorge im Sinne dieses Gesetzes gehören folgende Bereiche:
1. Medizinische und pflegerische Versorgung
2. Versorgung mit Energie und Wasser
3. Feuerwehr, Bestattung, Entsorgung
4. Landesverteidigung und innere Sicherheit
5. Verkehr
6. Erziehungswesen und Kinderbetreuung
7. Kommunikationsinfrastruktur
8. Versorgung mit Bargeld und Zahlungsverkehr

1 Erstveröffentlichung *Franzen/Thüsing/Waldhoff*, Arbeitskampf in der Daseinsvorsorge, 2012, S. 134 ff.; vgl. auch *dies.*, Ein Gesetzentwurf zur Regelung des Arbeitskampfes im Bereich der Daseinsvorsorge, ZG 2012, S. 349 ff.

§ 3 Ankündigungspflicht

(1) Eine Arbeitskampfmaßnahme ist nur zulässig, wenn die Arbeitskampfpartei ihre Arbeitskampfmaßnahme vier Tage vor ihrem geplanten Beginn gegenüber der anderen Arbeitskampfpartei ankündigt. Dabei müssen der Ort, der Beginn und die Dauer der Arbeitskampfmaßnahme mitgeteilt werden.

(2) Die zum Arbeitskampf aufrufende Arbeitskampfpartei ist verpflichtet, die Öffentlichkeit in geeigneter Weise über den Arbeitskampf, insbesondere über die in Absatz 1 Satz 2 genannten Umstände, zu informieren.

§ 4 Aufrechterhaltung einer Grundversorgung

(1) Die Arbeitskampfparteien haben dafür zu sorgen, dass die zur Befriedigung der elementaren persönlichen, sozialen und öffentlichen Bedürfnisse erforderliche Grundversorgung aufrechterhalten wird. Die Arbeitskampfparteien haben die für die Sicherstellung der Grundversorgung erforderlichen Arbeitnehmer von Arbeitskampfmaßnahmen auszunehmen.

(2) Die Einzelheiten der Aufrechterhaltung einer Grundversorgung einschließlich der hierfür notwendigen Verfahrensregelungen im Falle der Nichteinigung bestimmen die Arbeitskampfparteien einvernehmlich. Falls keine Einigung zustandekommt, entscheidet eine Einigungsstelle über den Umfang der Grundversorgung nach Absatz 1 verbindlich. Die Einigungsstelle kann von jeder Arbeitskampfpartei jederzeit angerufen werden.

(3) Die Einigungsstelle besteht aus der gleichen Anzahl von Beisitzern, die von den Arbeitskampfparteien auf Arbeitgeberseite und Arbeitnehmerseite bestellt werden, und einem unparteiischen Vorsitzenden, auf den sich beide Seiten einigen müssen. Kommt eine Einigung über die Person des Vorsitzenden nicht zustande, bestellt ihn das Landesarbeitsgericht, in dessen Bezirk der Arbeitskampf stattfindet oder stattfinden soll. Sind mehrere Landesarbeitsgerichtsbezirke betroffen, entscheidet das Bundesarbeitsgericht. Dasselbe gilt, wenn sich die Arbeitskampfparteien nicht über die Anzahl der Beisitzer einigen können. Die gerichtliche Entscheidung ergeht ohne die ehrenamtlichen Richter. Im Übrigen gilt § 98 Abs. 1 S. 3 bis 6 ArbGG entsprechend.

(4) Die Einigungsstelle hat unverzüglich tätig zu werden. Sie fasst ihre Beschlüsse mit der Mehrheit der Mitglieder nach mündlicher Beratung. Bei der Beschlussfassung hat sich der Vorsitzende zunächst der Stimme zu enthalten; kommt eine Stimmenmehrheit nicht zustande, nimmt der Vorsitzende nach weiterer Beratung an der erneuten Beschlussfassung teil. Die Einigungsstelle ist beschlussfähig, wenn die Mehrheit der Mitglieder einschließlich des Vorsitzenden an Beratung und Beschlussfassung teilnimmt. Die Beschlüsse der Einigungsstelle sind schriftlich niederzulegen, vom Vorsitzenden zu unterschreiben und den Arbeitskampfparteien zuzuleiten. Sie verlieren ihre Wirkung mit Abschluss des angestrebten Tarifvertrags.

(5) Eine Arbeitskampfmaßnahme ist nur zulässig, wenn die Arbeitskampfparteien über den Umfang der Grundversorgung einig sind oder ein Beschluss der Einigungsstelle nach Absatz 4 vorliegt.

§ 5 Urabstimmung

(1) Eine gewerkschaftliche Arbeitskampfmaßnahme ist nur zulässig, wenn mehr als 50% der teilnahmeberechtigten Mitglieder der Gewerkschaft an einer Urabstimmung teilgenommen und mehr als 50% der abstimmenden Mitglieder der Gewerkschaft der Arbeitskampfmaßnahme zugestimmt haben. Teilnahmeberechtigt sind nur die Mitglieder der Gewerkschaft, deren Arbeitsverhältnisse unter den Geltungsbereich des angestrebten Tarifvertrags fallen.

(2) Die Urabstimmung folgt den Grundsätzen der unmittelbaren, freien und geheimen Wahl. Die Gewerkschaft ist verpflichtet, das Ergebnis der Urabstimmung der anderen Arbeitskampfpartei sowie der Öffentlichkeit mitzuteilen.

(3) Die Satzung der Gewerkschaft regelt die Einzelheiten der Durchführung der Urabstimmung. Die Satzung der Gewerkschaft kann höhere Quoren als in Absatz 1 bestimmt vorsehen.

(4) Absätze 1 bis 3 gelten entsprechend für Arbeitskampfmaßnahmen der Arbeitgeberseite. Die Satzung des Arbeitgeberverbands kann das Stimmrecht seiner Mitglieder nach der wirtschaftlichen Bedeutung gewichten.

§ 6 Schlichtung

(1) Eine Arbeitskampfmaßnahme ist nicht zulässig während eines Schlichtungsverfahrens. Die Arbeitskampfparteien regeln die Einzelheiten des Schlichtungsverfahrens.

(2) Fehlt es an einer Vereinbarung über ein Schlichtungsverfahren, gelten die Absätze 3 bis 7 über die staatliche Schlichtung.

(3) Das staatliche Schlichtungsverfahren kann von jeder Arbeitskampfpartei nach Scheitern der Tarifvertragsverhandlungen eingeleitet werden.

(4) Das staatliche Schlichtungsverfahren wird von der beim Bundesministerium für Arbeit und Soziales gebildeten Bundesschlichtungsstelle geführt. Die Bundesschlichtungsstelle wird von einem Bundesschlichter geleitet, der im Einvernehmen mit dem Ausschuss nach § 5 Abs. 1 des Tarifvertragsgesetzes vom Bundesministerium für Arbeit und Soziales für eine Amtszeit von vier Jahren bestellt wird.

(5) Nach Einleitung des Schlichtungsverfahrens benennt jede Arbeitskampfpartei innerhalb von drei Tagen einen Beisitzer. Stehen mehrere Arbeitskampfparteien auf einer Seite des Arbeitskampfes, müssen sie sich auf die Person des Beisitzers einigen. § 2 Abs. 4 und 5 des Gesetzes über die Festsetzung von Mindestarbeitsbedingungen gelten entsprechend.

(6) Die Bundesschlichtungsstelle hat unverzüglich tätig zu werden. Sie fasst ihre Beschlüsse mit Stimmenmehrheit. Innerhalb von vier Wochen nach ihrem Zusammentreten formuliert die Bundesschlichtungsstelle einen Schlichtungsvorschlag. Dieser ist vom Vorsitzenden zu unterschreiben und den Arbeitskampfparteien zuzuleiten. Nehmen die Arbeitskampfparteien durch schriftliche Zustimmungserklärung gegenüber der Bundesschlichtungsstelle den Schlichtungsvorschlag innerhalb von zwei Wochen nach seinem Zugang an, gilt er als zwischen den Arbeitskampfparteien zustandegekommener formwirksamer Tarifvertrag.

(7) Das Schlichtungsverfahren endet mit Ablauf der zweiwöchigen Annahmefrist nach Absatz 6 Satz 5.

§ 7 Streik einer Berufsgruppengewerkschaft

Eine gewerkschaftliche Arbeitskampfmaßnahme ist unzulässig, wenn sie auf den Abschluss eines Tarifvertrags gerichtet ist, der bezogen auf seinen angestrebten räumlichen und betrieblichen Geltungsbereich weniger als 15% der Arbeitsverhältnisse erfassen würde. Strebt die Gewerkschaft den Abschluss eines Firmentarifvertrags oder unternehmensbezogenen Tarifvertrags an, tritt an die Stelle des räumlichen und betrieblichen Geltungsbereichs im Sinne des Satzes 1 das Unternehmen.

II. Erläuterung

1. Allgemeiner Teil

Der Gesetzesvorschlag regelt die Lösung kollektiver Arbeitskonflikte im Bereich der Daseinsvorsorge. Diese Materie wird in einem eigenen Gesetz geregelt. Die Anbindung an bestehende Gesetze, etwas das Bürgerliche Gesetzbuch oder das Tarifvertragsgesetz, ist nicht sachgerecht, weil in diesen Gesetzen spezifische arbeitskampfrechtliche Regelungen nicht enthalten sind. Außerdem gibt es kein umfassendes Gesetz zur Regulierung des Bereichs der Daseinsvorsorge, in welches die vorliegenden Regelungen hätten eingestellt werden können.

Arbeitskämpfe im Bereich der Daseinsvorsorge unterscheiden sich gegenüber Arbeitskämpfen in anderen Wirtschaftszweigen erheblich. Im Bereich der Daseinsvorsorge stehen sich typischerweise nicht nur die Arbeitskampfparteien auf Arbeitgeber- und Arbeitnehmerseite gegenüber, um eine Auseinandersetzung über die Durchsetzung von Tarifverträgen einer Lösung zuzuführen. Vielmehr sind Dritte, insbesondere die Allgemeinheit und die die Leistungen der Daseinsvorsorge nachsuchenden Bürger, unmittelbar von derartigen Arbeitskämpfen nachteilig betroffen. Ferner steht der Arbeitgeberseite aus tatsächlichen und rechtlichen Gründen das arbeitskampfrechtliche Instrument zur Abwehr eines Streiks, die Aussperrung, typischerweise nicht oder nur sehr eingeschränkt zur Verfügung. Im Bereich der Daseinsvorsorge sind die Unternehmen gehalten, die Leistungen im Interesse der Bürger und der Allgemeinheit soweit wie möglich aufrechtzuerhalten. Diese Besonderheiten rechtfertigen es, für die Lösung kollektiver Arbeitskonflikte und Tarifauseinandersetzungen Sonderregelungen vorzusehen, welche in anderen Wirtschaftszweigen nicht notwendigerweise gelten müssen. Der Gesetzesvorschlag regelt den fraglichen Sachbereich nicht umfassend. Vielmehr sind daneben weiterhin die allgemeinen Grundsätze des Arbeitskampfrechts anwendbar, wie sie insbesondere die Rechtsprechung des Bundesarbeitsgerichts entwickelt hat.

Die einzelnen inhaltlichen Elemente des Gesetzesvorschlags knüpfen an die Besonderheiten von Arbeitskämpfen im Bereich der Daseinsvorsorge an. Die Pflicht der Arbeitskampfparteien, eine Arbeitskampfmaßnahme rechtzeitig anzukündigen (§ 3), soll die jeweils andere Arbeitskampfpartei und die Öffentlichkeit in die Lage versetzen, sich auf den Ausfall von Leistungen vorzubereiten und sich gegebenenfalls um Alternativen zu bemühen. Die Pflicht der Arbeitskampfparteien, eine Grundversorgung aufrechtzuerhalten (§ 4), ist dem Umstand geschuldet, dass manche Leistungen in der Daseinsvorsorge für eine funktionierende Infrastruktur einer Volkswirtschaft schlechthin unverzichtbar sind und daher während eines Arbeitskampfs zur Verfügung stehen müssen. Das gesetzliche Erfordernis einer Urabstimmung für Arbeitskampfmaßnahmen (§ 5) sichert die notwendige Legitimation der Arbeitsniederlegung nach innen mit Wirkung im arbeitskampfrechtlichen Außenverhältnis. Das vorgeschaltete Schlichtungsverfahren (§ 6) trägt in besonderer Weise dem Grundsatz der Verhältnismäßigkeit Rechnung. Dieser ist nach der Rechtsprechung des Bundesarbeitsgerichts tragender Grundsatz des geltenden richterrechtlichen Arbeitskampfrechts. Ferner enthält der Entwurf eine Regelung für Streiks von Berufsgruppengewerkschaften (§ 7), welche im Bereich der Daseinsvorsorge besonders häufig anzutreffen sind.

Die Gesetzgebungskompetenz des Bundes folgt aus Art. 74 Abs. 1 Nr. 12 GG.

2. Besonderer Teil

Zu § 1 (Gesetzeszweck)

Die Vorschrift regelt den Zweck des Gesetzes. Der Gesetzesvorschlag soll zur Lösung kollektiver Arbeitskonflikte in der Daseinsvorsorge beitragen.

Absatz 2 stellt klar, dass sich der Gesetzesvorschlag auf Auseinandersetzungen um die Durchsetzung des Abschlusses bzw. die Abwendung von Tarifverträgen beschränkt. Andere kollektive Arbeitskonflikte – etwa im Bereich der Betriebsverfassung – werden nicht erfasst.

Absatz 3 stellt klar, dass der Gesetzesvorschlag den fraglichen Sachbereich nicht umfassend regelt und die geltenden Rechtsgrundsätze des Arbeitskampfrechts und Rechtsvorschriften des übrigen kollektiven Arbeitsrechts weiterhin Geltung beanspruchen. Der Gesetzesvorschlag modifiziert diese Rechtsgrundsätze und Rechtsvorschriften, soweit er Regelungen enthält.

Zu § 2 (Geltungsbereich)

Die Vorschrift umschreibt den Geltungsbereich der Daseinsvorsorge für die Zwecke der vorgeschlagenen gesetzlichen Regelung abschließend. Dazu gehören die Bereiche medizinische und pflegerische Versorgung; Versorgung mit Energie und Wasser; Feuerwehr, Bestattung, Abfallbeseitigung; Landesverteidigung und innere Sicherheit; Verkehr; das Erziehungswesen und die Kinderbetreuung; die Kommunikationsinfrastruktur sowie Bankdienstleistungen, soweit sie für die Aufrechterhaltung des Zahlungsverkehrs und die Versorgung mit Bargeld unentbehrlich sind.

Zu § 3 (Ankündigungspflicht)

Die Vorschrift verpflichtet die Arbeitskampfparteien, eine Arbeitskampfmaßnahme rechtzeitig gegenüber der anderen Kampfpartei anzukündigen und die Öffentlichkeit darüber zu informieren. Die Ankündigungspflicht soll die andere Arbeitskampfpartei und die Öffentlichkeit in die Lage versetzen, sich auf den Ausfall von Leistungen vorzubereiten und sich gegebenenfalls um Alternativen zu bemühen. Als Vorankündigungszeit angemessen erscheinen hierbei vier Tage. In diesem Zeitraum können die Betroffenen typischerweise Abhilfemaßnahmen organisieren. Dabei müssen der Ort, der Beginn und die Dauer der Arbeitskampfmaßnahme mitgeteilt werden. Ferner ist die Arbeitskampfpartei verpflichtet, die Öffentlichkeit in geeigneter Weise über dieselben Umstände zu informieren, etwa durch Veröffentlichung des Streikbeschlusses auf der Homepage der Gewerkschaft im Internet, Pressemitteilungen oder dergleichen. Eine Arbeitskampfmaßnahme, die unter Verstoß gegen die Vorgaben dieser Vorschrift durchgeführt wird, ist rechtswidrig.

Zu § 4 (Aufrechterhaltung einer Grundversorgung)

Zu Absatz 1

Die Vorschrift verpflichtet die Arbeitskampfparteien, eine Grundversorgung aufrechtzuerhalten, welche die elementaren persönlichen, sozialen und öffentlichen Bedürfnisse auch im Falle eines Arbeitskampfes befriedigt. Die hierfür erforderlichen Arbeitnehmer sind von Arbeitskampfmaßnahmen auszunehmen.

Zu Absatz 2

Die Definition und den Umfang der Grundversorgung bestimmen in erster Linie die Arbeitskampfparteien in eigener Verantwortung einvernehmlich. Dies schließt Verfahrensregelungen bei Nichteinigung durch die Arbeitskampfparteien ein. Damit sind § 4 Abs. 2 bis 4 des Gesetzes der Sache nach dispositiv und können durch abweichende Vereinbarungen der Arbeitskampfparteien verdrängt werden. Dies trägt dem Grundsatz der Subsidiarität Rechnung und schont in besonderer Weise die Tarifautonomie der beteiligten Arbeitskampfparteien. Falls sich die Arbeitskampfparteien nicht über den Umfang der Grundversorgung einig werden können, entscheidet eine Einigungsstelle darüber verbindlich. Damit wird bezüglich des Umfangs der Grundversorgung eine staatliche Zwangsschlichtung etabliert. Regelungsvorbild ist hierbei wirtschaftsfriedliche Konfliktlösung im Bereich der Betriebsverfassung durch eine Einigungsstelle. Jede Arbeitskampfpartei kann die Einigungsstelle jederzeit anrufen.

Zu Absatz 3

Die Vorschrift regelt die Besetzung der Einigungsstelle, die über den Umfang der Grundversorgung zu entscheiden hat. Die Vorschrift ist an § 76 Abs. 2 BetrVG angelehnt. Die Einigungsstelle besteht aus der gleichen Anzahl von Beisitzern, die von den Arbeitskampfparteien auf Arbeitgeberseite und Arbeitnehmerseite bestellt werden, und einem unparteiischen Vorsitzenden, auf den sich beide Seiten einigen müssen. Scheitert eine Einigung über die Person des Vorsitzenden, bestellt ihn das Landesarbeitsgericht, in dessen Bezirk der Arbeitskampf stattfindet. Findet der Arbeitskampf in mehreren Landesarbeitsgerichtsbezirken statt, entscheidet das Bundesarbeitsgericht.

Die Zuständigkeit von Landesarbeitsgericht bzw. Bundesarbeitsgericht abweichend von § 76 Abs. 2 BetrVG ist dem Umstand geschuldet, dass es sich bei den hier vorliegenden Konflikten zumeist um Angelegenheiten allgemeiner Bedeutung handelt, für welche die auf den einzelnen Betrieb bzw. das Unternehmen bezogenen Zuständigkeitsregelungen des BetrVG nicht angemessen erscheinen. Um eine zügige Behandlung des Konflikts zu gewährleisten, entscheiden die zuständigen Spruchkörper nur in der Besetzung der Berufsrichter ohne die ehrenamtlichen Richter.

Die Verweisung auf § 98 Abs. 1 S. 3 bis 6 ArbGG stellt klar, dass die Vorschriften des arbeitsgerichtlichen Beschlussverfahrens nach §§ 80 bis 84 ArbGG sowie die Verfahrensvorschriften über die Entscheidung zur Besetzung einer betriebsverfassungsrechtlichen Einigungsstelle entsprechend gelten. Dasselbe Verfahren soll Anwendung finden, wenn sich die Arbeitskampfparteien nicht auf die Anzahl der Beisitzer der Einigungsstelle einigen können. Dies entspricht § 76 Abs. 2 Satz 3 BetrVG.

Zu Absatz 4

Die Vorschrift regelt das Verfahren der Meinungsbildung und Beschlussfassung innerhalb der Einigungsstelle. Regelungsvorbild ist insoweit § 76 Abs. 3 und 5 BetrVG. Danach muss die Einigungsstelle unverzüglich tätig werden. Die Beschlüsse werden mit der Mehrheit der Mitglieder nach mündlicher Beratung gefasst. Bei der Beschlussfassung hat sich der Vorsitzende zunächst der Stimme zu enthalten; kommt eine Stimmenmehrheit nicht zustande, nimmt der Vorsitzende nach weiterer Beratung an der erneuten Beschlussfassung teil. Die Beschlüsse der Einigungsstelle sind schriftlich niederzulegen, vom Vorsitzenden zu unterschreiben und den Arbeitskampfparteien zuzuleiten. Die Einigungsstelle ist beschlussfähig, wenn die Mehrheit der Mitglieder einschließlich des Vorsitzenden anwesend ist. Damit ist sichergestellt, dass keine Seite die Verhandlungen und die Beschlussfassung durch eine Politik des „leeren Stuhls" blockieren kann. Die Beschlüsse der Einigungsstelle verlieren ihre Wirkung mit Abschluss des angestrebten Tarifvertrags. Dies begrenzt die Regelungsbefugnisse der Einigungsstelle auf den konkreten Tarifkonflikt.

Zu Absatz 5

Die Vorschrift stellt klar, dass eine Arbeitskampfmaßnahme nur zulässig ist, wenn zuvor über den Umfang der Grundversorgung Einigkeit zwischen den Arbeitskampfparteien erzielt wurde oder ein Beschluss der Einigungsstelle über den Umfang der Grundversorgung vorliegt. Eine ohne diese Erfordernisse durchgeführte Arbeitskampfmaßnahme ist rechtswidrig. Vor diesem Hintergrund kann es zweckmäßig sein, wenn sich die Tarifvertragsparteien bereits im Vorfeld außerhalb eines konkreten Arbeitskampfgeschehens auf den Umfang der aufrechtzuerhaltenden Grundversorgung einigen.

Zu § 5 (Urabstimmung)

Zu Absatz 1

Die Vorschrift knüpft die Zulässigkeit einer gewerkschaftlichen Arbeitskampfmaßnahme an die vorherige Durchführung einer Urabstimmung. Daran muss mindestens die Hälfte der von dem erstrebten Tarifvertrag betroffenen Mitglieder der Gewerkschaft teilnehmen. Außerdem muss die Mehrheit der teilnehmenden abstimmungsberechtigten Gewerkschaftsmitglieder die gewerkschaftliche Arbeitkampfmaßnahme unterstützen. Es gilt mithin ein doppeltes Quorum: mehr als 50% Beteiligung und mehr als 50% Zustimmung.

Das Erfordernis einer Urabstimmung als Rechtsmäßigkeitsvoraussetzung einer gewerkschaftlichen Arbeitsniederlegung geht über das derzeit geltende allgemeine Arbeitskampfrecht hinaus. Allerdings wird hierdurch in die Tarifautonomie der beteiligten Gewerkschaften nicht erheblich eingegriffen. Die meisten Gewerkschaften sehen ein derartiges Urabstimmungserfordernis in ihren Satzungen mit zum Teil erheblich höheren Quoren ohnehin vor – zumeist 50% Beteiligung und 75% Zustimmung. Außerdem sollte ein Streik in der Daseinsvorsorge mit erheblichen Auswirkungen auf Dritte nur dann zulässig sein, wenn er auch nach innen hinreichend legitimiert ist und von den betroffenen Mitgliedern der Gewerkschaft mehrheitlich mitgetragen wird.

Zu Absatz 2

Die Vorschrift schreibt einige relevante Abstimmungsgrundsätze vor, die Grundsätze der unmittelbaren, freien und geheimen Wahl. Diese Grundsätze sind elementar für die Legitimation des Abstimmungsergebnisses und daher unverzichtbar. Die Gewerkschaft muss darüber hinaus das Ergebnis der Urabstimmung dem Arbeitskampfgegner und der Öffentlichkeit in geeigneter Weise mitteilen.

Zu Absatz 3

Die Einzelheiten der Durchführung der Urabstimmung werden der Regelung in der Satzung der Gewerkschaft überlassen. Dies schont die Verbandsautonomie der Gewerkschaft. Die Satzung muss die wesentlichen Abstimmungsgrundsätze vorgeben und kann im Übrigen den Vorstand oder andere Verbandsgremien ermächtigen, weitere Einzelheiten des Verfahrens durch Beschluss festzulegen. Nach Satz 2 der Vorschrift sind die in Absatz 1 festgelegten Quoren als Mindestquoren anzusehen, die durch die Satzung überschritten werden können.

Zu Absatz 4

Die Vorschrift stellt sicher, dass das Urabstimmungserfordernis ebenso für Arbeitskampfmaßnahmen der Arbeitgeberseite gilt. Dies ist dem Grundsatz der Kampfparität geschuldet. Der Autonomie der Arbeitgeberverbände bleibt es überlassen, die Stimmen nicht nach der Anzahl der Mitglieder, sondern nach deren wirtschaftlicher Bedeutung zu gewichten.

Zu § 6 (Schlichtung)

Zu Absatz 1

Nach dieser Vorschrift ist eine Arbeitskampfmaßnahme unzulässig, die auf eine tarifvertragliche Regelung zielt, welche Gegenstand eines laufenden Schlichtungsverfahrens ist. Während des Schlichtungsverfahrens besteht somit eine relative Friedenspflicht. Die Vorschrift trägt damit dem arbeitskampfrechtlichen Grundsatz der Verhältnismäßigkeit in besonderer Weise Rechnung. Der Große Senat des Bundesarbeitsgerichts hat in seinem Beschluss vom 21. April 1971 – GS 1/68 – betont, dass der Arbeitskampf letztes Mittel (ultima-ratio) sein muss und daraus auch das Erfordernis eines vorgeschalteten Schlichtungsverfahrens abgeleitet (BAG GS 21. April 1971 – GS 1/68 – AP Nr. 43 zu Art. 9 GG Arbeitskampf, Teil III, A 3, Bl. 7). In Übereinstimmung mit diesem Beschluss des Großen Senats bestimmt die Vorschrift ferner, dass es in erster Linie den Tarifvertragsparteien obliegt, angemessene Regelungen über Einzelheiten des Schlichtungsverfahrens zu treffen. Diese haben Vorrang vor den Regelungen des Gesetzes über die staatliche Schlichtung nach Absätzen 3 bis 7.

Zu Absatz 2

Die Vorschrift stellt klar, dass ein zwischen den Arbeitskampf-/Tarifvertragsparteien vereinbartes Schlichtungsverfahren Vorrang hat vor den Regelungen über die staatliche Schlichtung nach den Absätzen 3 bis 7. Dies schont die Tarifautonomie der Tarifvertragsparteien und trägt dem Grundsatz der Subsidiarität staatlicher Regulierung im Bereich des kollektiven Arbeitsrechts Rechnung. Die Vereinbarung der Tarifvertrags-/Arbeitskampfparteien muss inhaltliche Vorgaben für das Schlichtungsverfahren aufstellen.

Zu Absatz 3

Die Vorschrift stellt klar, dass jede Arbeitskampfpartei das staatliche Schlichtungsverfahren einleiten kann und dieses Schlichtungsverfahren damit nur auf Antrag stattfindet. Für eine Arbeitskampfpartei, die in den Genuss der Friedenspflicht nach Absatz 1 gelangen möchte, ist daher die Einleitung des Schlichtungsverfahrens unabdingbar.

Voraussetzung für die Einleitung eines Schlichtungsverfahrens ist, dass die Tarifvertragsverhandlungen gescheitert sind. Jede Tarifvertragspartei kann diese Voraussetzung autonom feststellen. Nach der Rechtsprechung des Bundesarbeitsgerichts unterliegt dies der Einschätzungsprärogative der jeweiligen Tarifvertragspartei. Aus dieser Regelung folgt ferner, dass der Vorrang der Schlichtung dann nicht gilt, wenn die Tarifvertragsparteien überhaupt keine Tarifvertragsverhandlungen geführt haben. Dies ist beispielsweise der Fall, wenn eine Gewerkschaft einen Tarifvertrag abschließen möchte, die Arbeitgeberseite hierzu aber unter keinen Umständen bereit ist. In einem solchen Fall wäre es der Gewerkschaft nicht zumutbar, noch ein Schlichtungsverfahren zu durchlaufen, obwohl doch die Arbeitgeberseite überhaupt nicht verhandeln möchte; eine Schlichtung wäre bloße Förmelei. In solchen Fällen soll die Gewerkschaft unmittelbar zur Arbeitsniederlegung aufrufen können, sofern die übrigen Rechtmäßigkeitsvoraussetzungen eines Streiks vorliegen.

Zu Absatz 4

Die Vorschrift regelt die organisatorische Anbindung des Schlichtungsverfahrens beim Bundesministerium für Arbeit und Soziales. Die dort errichtete Bundesschlichtungsstelle wird von einem Schlichter geleitet, der im Einvernehmen mit dem Tarifausschuss nach § 5 Abs. 1 TVG vom Bundesministerium für Arbeit und Soziales für eine Amtszeit von vier Jahren bestellt wird. Mit der Beteiligung des Tarifausschusses können die Spitzenorganisationen der Sozialpartner auf die Person des Schlichters Einfluss nehmen. Gleichzeitig wird damit der Bedeutung des Schlichtungsverfahrens Rechnung getragen.

Zu Absatz 5

Die Vorschrift regelt die Besetzung der Beisitzer der Bundesschlichtungsstelle. Die Anzahl der Beisitzer ist auf jeweils eine Person für Arbeitgeber- und Arbeitnehmerseite begrenzt. Damit besteht die Schlichtungsstelle nur aus drei Mitgliedern. Dies soll zu einem konzentrierten Schlichtungsverfahren beitragen. Stehen mehrere Arbeitskampfparteien auf einer Seite des Arbeitskampfes, müssen sie sich auf die Person des Beisitzers einigen.

Die Verweisung auf die für den Hauptausschuss nach dem MiArbG geltenden § 2 Abs. 4 und 5 MiArbG erklärt Vorschriften über die Rechtsstellung der Mitglieder der Bundesschlichtungsstelle sowie Regelungen über Beschlussfähigkeit und Vertretung für entsprechend anwendbar. Insbesondere ist damit die Tätigkeit der Schlichter ehrenamtlich und weisungsfrei.

Zu Absatz 6

Die Vorschrift regelt das interne Verfahren der Bundesschlichtungsstelle. Die Regelungen stellen sicher, dass das Schlichtungsverfahren spätestens nach etwa sechs bis acht Wochen abgeschlossen ist. So hat die Schlichtungsstelle ihre Tätigkeit unverzüglich aufzunehmen. Innerhalb von vier Wochen nach ihrem Zusammentreten muss die Bundesschlichtungsstelle einen Schlichtungsvorschlag formulieren, der wie alle Beschlüsse mit der Mehrheit der Stimmen beschlossen sein muss. Der Schlichtungsvorschlag ist vom Vorsitzenden zu unterschreiben und den Arbeitskampfparteien zuzuleiten. Nehmen die Arbeitskampfparteien den Schlichtungsvorschlag innerhalb von zwei Wochen durch schriftliche Zustimmungserklärung gegenüber der Bundesschlichtungsstelle an, gilt er als zwischen den Arbeitskampfparteien zustandegekommener formwirksamer Tarifvertrag. Dies stellt klar, dass die obligatorische Schlichtung nach § 6 grundsätzlich nicht als Zwangsschlichtung ausgestaltet ist. Die Arbeitskampfparteien bleiben also frei in ihrer Entscheidung, das Schlichtungsergebnis als Tarifvertrag für und gegen sich gelten zu lassen.

Zu Absatz 7

Die Vorschrift bestimmt, dass das Schlichtungsverfahren zwei Wochen nach Zugang des Schlichtungsvorschlags bei den Arbeitskampfparteien endet. Damit endet die während des Schlichtungsverfahrens bestehende Friedenspflicht aus Absatz 1. Satz 2 trifft eine Sonderregelung für unternehmensbezogene Tarifverträge.

In besonderen Konstellationen könnte an eine Zwangsschlichtung hinsichtlich des Inhalts eines Tarifvertrags gedacht werden, in Betracht kämen etwa in diesem Gesetzgebungsvorschlag die Bereiche des § 2 Nr. 1 bis 4 (Gesundheit; Energie und Wasser; Feuerwehr, Bestattung, Entsorgung; Landesverteidigung und innere Sicherheit). Diese Bereiche unterscheiden sich von anderen Bereichen der Daseinsvorsorge dadurch, dass hier Grundrechte Dritter von ganz erheblichem Belang wie etwa Art. 2 Abs. 2 GG (Leben und körperliche Unversehrtheit) insbesondere durch langandauernde Arbeitskämpfe betroffen sein können. Dies könnte weitergehende Eingriffe in die Tarifautonomie als in anderen Bereichen der Daseinsvorsorge rechtfertigen. Gleichwohl haben wir aus rechtspolitischen Gründen davon abgesehen, einen solchen – verfassungsrechtlich grundsätzlich möglichen – Vorschlag zu unterbreiten.

Zu § 7 (Streik einer Berufsgruppengewerkschaft)

Die Regelung bindet die Zulässigkeit des Streiks einer Gewerkschaft, die nur für bestimmte Arbeitnehmergruppen in dem Unternehmen bzw. der Branche tarifvertragliche Regelungen fordert (Berufsgruppen- oder Spartengewerkschaft), an ein bestimmtes Quorum. Damit soll verhindert werden, dass kleine und besonders streikmächtige Gewerkschaften für die von ihr repräsentierten Arbeitnehmergruppen Sondervorteile erstreiten, die den anderen Arbeitnehmergruppen im Unternehmen oder der Branche nicht zugute kommen. Als angemessen erscheint ein Quorum von 15%. Dies bedeutet, dass eine Berufsgruppengewerkschaft stets dann für einen Tarifvertrag streiken kann, wenn dieser mehr als 15% der gesamten Belegschaft des Unternehmens bzw. der Branche erfassen würde. Auf die Mitgliederzahlen der Gewerkschaft kommt es nicht an. Diese Regelung trifft Vorsorge gegen eine drohende Zersplitterung des Tarifvertragswesens und sichert auf diese Weise die Funktionsfähigkeit der Tarifautonomie.

Autorenverzeichnis

Prof. Dr. *Frank Bayreuther*, Universität Passau, Lehrstuhl für Bürgerliches Recht und Arbeitsrecht

Prof. Dr. *Martin Franzen*, Ludwig-Maximilians-Universität München, Lehrstuhl für deutsches, europäisches und internationales Arbeitsrecht

Prof. Dr. *Hans Hofmann*, Ministerialdirektor im Bundesministerium des Innern, Honorarprofessor an der Juristischen Fakultät der Humboldt-Universität zu Berlin

Prof. Dr. *Jens Kersten*, Ludwig-Maximilians-Universität München, Lehrstuhl für Öffentliches Recht und Verwaltungswissenschaften

Prof. Dr. *Michael Kloepfer*, Humboldt-Universität zu Berlin, Lehrstuhl für Staats- und Verwaltungsrecht, Europarecht, Umweltrecht, Finanz- und Wirtschaftsrecht; Präsident des IGV

Prof. Dr. *Winfried Kluth*, Martin-Luther-Universität Halle/Wittenberg, Lehrstuhl für Öffentliches Recht, Richter des Landesverfassungsgerichts Sachsen-Anhalt

Prof. Dr. *Gregor Thüsing*, LL. M. (Harvard), Rheinische Friedrich-Wilhelms-Universität Bonn, Direktor des Instituts für Arbeitsrecht und Recht der Sozialen Sicherheit

Prof. Dr. *Christian Waldhoff*, Humboldt-Universität zu Berlin, Lehrstuhl für Öffentliches Recht und Finanzrecht

FSC
www.fsc.org
MIX
Papier | Fördert gute Waldnutzung
FSC® C083411

Kolibri 360 GmbH
Ferdinand-Jühlke-Straße 7
99095 Erfurt, Deutschland
produktsicherheit@kolibri360.de